グローバリゼーションとカリキュラム改革

海外の研究者が見た「総合的な学習の時間」

ラリー・マクドナルド
Lary MacDonald

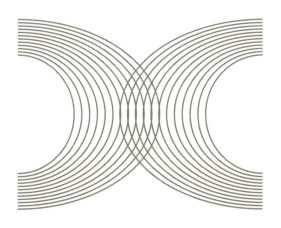

東信堂

はじめに

　著者が教育を対象としたフィールド調査に関心を持つようになったのは、偶然の積み重ねによるものである。

　1988年に著者は「語学指導等を行う外国語青年招致事情」（JETプログラム）の外国語指導助手（ALT）として来日し、四国に派遣された。教育学を専攻し学士号を取得してはいたが、第二言語として英語を教えるのは初めてのことであった。そのため、生徒たちの英語学習をサポートするのに苦闘する日々が続いた。そのようななか、徐々に日本の学校教育の社会的、文化的側面にも興味をそそられるようになった。日本の中学校におけるクラブ活動の機能や、クラス担任の存在や生徒との個人的な関係、校長の役割などがアメリカの教育とは異なり、関心を抱いた。ただ、教育社会学の研究課題としてこれらの活動を認識し、分析し、意味づけ、理解するにはさらに多くの時間を費やし、視野を広げ、知識を深める必要があると感じた。

　アメリカに帰国したのは1996年のことである。教育及び社会における学校教育の役割への関心に基づいて修士学位を、続いて国際教育政策の分野でPh.D. を取得した。この間も、日本の学校教育は常に研究上の焦点であり続けた。学位請求論文を執筆するにあたって、日本をフィールドに選んだのは必然的ななりゆきだった。

　2004年にフルブライト奨学金を受け、「ゆとり」教育を代表する総合的な学習の時間を調査するため日本へと舞い戻った。これに先立ち、著者は2003年の夏に日米協会の助成を受け2ヶ月間文部科学省において数校の学校を対象としたプレ調査を行っていた。当時の調査では、現場の教員たちには総合的な学習の時間をどのように実施するのかが十分に周知されていなかった。ただ、カリキュラムのデザインや展開の仕方については自分たちの裁量で自

由にできると喜んでいる姿が見受けられた。著者からすれば、この時点でカリキュラムの改革の可能性はきわめて明白なものとなった。こうして、総合的な学習の時間に関する研究を続けるため、フルブライトの博士論文研究奨学金に応募することを決めたのである。

2004年から2005年にかけての15ヶ月間、大阪、東京の大都市圏で60校以上の学校を訪問した。様々な総合的な学習の時間を観察し、関連資料も読みあさり、教員、校長、教育委員会、文部科学省の官僚、NGOのリーダーたちとのインタビューを重ねていった。著者の研究関心は、日本で渦巻いていた社会の多様化という文脈に埋め込まれていた。公立学校に入学する外国の子どもたちが増えている昨今、そうした生徒たちをマイノリティとして受け入れている地域の学校では、この総合的な学習の時間が多文化主義を包摂する機会となっているのではないだろうか——その検証に力を注いだ。

様々な地域の総合的な学習の時間を観察していくにつれ、多くの学校が文化の多様性に焦点を置いていることが明らかになった。たとえば、大阪の学校では中国からの移民を教室に招き、日本での彼らの生活について議論してもらっていた。関東のある学校では、生徒たちが海外移住資料館への訪問に向け日本からブラジルに渡った移民について調べていた。さらに、日本における昔からのマイノリティ問題、たとえば大阪の部落民問題や川崎の在日朝鮮人問題も多くの学校が取り上げていたテーマであった。

また、訪問した学校ではいずれも生徒に地元のコミュニティを探索する機会を与えていた。高齢者の住宅を訪ねたり、商店街や地域の遺跡の地図を作ったり、地域住民や商店主を教室に招待して地域の歴史や仕事について語る会を開いたりと、方法は多種多様であった。しかし、これらの活動の多くに共通していたことは、生徒たちが総合的な学習の時間を利用して地元のコミュニティを探索し、そのプロセスで自分たちのコミュニティの多様性を発見していることであった。そして、生徒たちはその多様性を受け入れていたのである。これらの工夫ある様々な活動を通して学校は学習に対する社会構成主義的なアプローチの有効性を実証していた。筆者のフィールド調査は、

こうしてますます熱を帯びたのである。

　フィールドワークと並行し、日本の教育について書かれた英語の文献も広範囲にわたって渉猟した。当時は文献の多くが日本の教育実践を非常に賞賛するものであった。少人数学級が子どもたちの自信に与える影響（Benjamin, 1997）や、教師の優しい態度や役割（Lewis, 1995）など、研究者たちは様々な考察を加えていた。一方、1991年にFinkelsteinが編集した"*Transcending Stereotypes: Discovering Japanese Culture and Education*"（『ステレオタイプを超えて－日本文化と教育の発見』）には、入試制度やいじめ問題、マイノリティなど日本の教育システムの惰弱さを明らかにした論文も数点含まれていた。

　こうした10年以上にわたる研究の集大成が本書である。本書ではまず、1970年代からゆとり教育と総合的な学習の時間が実施される2002年改革までの間における日本の教育政策の動向を跡づけた。教育におけるグローバル化の影響を対象とした研究を参照しながらこの改革を学術的知見に基づいて捉えなおしている。そして長期にわたるフィールドワークで得た情報や知見をもとに、総合的な学習の時間を以下の4つのアプローチに分類した。すなわち、1）地域学習、2）人権教育、3）多文化共生、4）国際理解教育の4つである。さらに、これらのアプローチを社会文化的な教育観から洞察し、総合的な学習の時間で繰り広げられる自己のアイデンティティの再構築とそのプロセスを指す概念として「差異の多面性（dimensions of difference）」を提案した。また、本研究ではフィールドワークを通し近年のゆとり教育に関する議論の背景についても整理することができた。未来の日本の子どもたちにとって適切な教育を保証するためにはどのような方向に進めばよいのか――本書の締めくくりとしてゆとり教育に関連する政策の動向と議論についても再考する。

ラリー・マクドナルド

グローバリゼーションとカリキュラム改革／目次

はじめに ─────────────────────────────── i

第1章　序　論 ─────────────────────── 3
1　はじめに ──────────────────────────── 3
2　問題設定 ──────────────────────────── 7
3　日本の教育改革：ゆとり教育と総合的学習の登場 ─────── 11
4　総合的な学習の時間 ──────────────────────── 15
5　グローバリゼーションと教育（文献レビュー）─────────── 17
6　研究方法 ──────────────────────────── 25

第2章　地域学習 ───────────────────── 33
1　日本における地域学習の始まり：戦前から戦後まで ──────── 33
2　総合的な学習の時間における地域学習的アプローチ ─────── 38
　1）地域の探検　38
　　a）私たちの町のツアー（38）
　　b）私たちの町の名人を探そう（40）
　2）伝統的な日本の発見　45
　　a）古墳の探索（45）
　　b）古代の生き方を再演（47）
　3）環　境　50
　　a）日本の伝統を守る：米作りと人工資源（50）
　　b）日本の米文化：消え入る伝統（52）
3　まとめ ──────────────────────────── 55

第3章　総合的な学習の時間の人権教育的アプローチ ── 57
1　差別の「可視」化：日本のマイノリティと人権教育の展開 ─────── 58
　1）同和地区出身者（部落民）　58
　2）同和教育と全同教　60

2 総合的な学習の時間における人権教育的アプローチ ―― 61
　1）いじめ問題：日本社会のいじめ・人権侵害　62
　2）人権は自尊心から始まる・いのちの教育　65
　3）食肉加工工場：封建時代の社会的地位による差別の名残　69
　4）障がい者：実経験から実際の成功へ　71
　5）家と呼べる場所がない：日本のホームレス問題　73
3 まとめ ―― 75

第4章　総合的な学習の時間の多文化共生的アプローチ ―― 81

1 日本における多文化間教育の出現 ―― 81
2 差別の可視化：日本のマイノリティと人権教育の展開 ―― 85
　1）在日コリアン：同化か分化か　85
　　a）序　論（85）
　　b）ふれあい館（87）
　　c）ふれあい館の学校訪問（88）
　2）在日ブラジル人：帰還の事例　91
　　a）序　論（91）
　　b）都市部の中学校におけるブラジル人の構造化（92）
　3）日本におけるその他のマイノリティ・グループ：中国残留邦人とインドシナ難民　96
　　a）序　論（96）
　　b）多文化共生の教育的実践：O小学校（98）
　　c）P小学校（102）
3 まとめ ―― 106

第5章　総合的な学習の時間の国際理解教育的アプローチ ―― 109

1 日本における国際理解教育：敗北のなかでの国家の再認 ―― 109
2 総合的な学習の時間の国際理解教育的アプローチ ―― 112
　1）国内の国際化と対外関係　113
　　a）多様性の導入：生徒と外国人訪問者との交流（113）
　　　①ロータリーの高校留学生（114）　②大学の留学生（114）
　　b）日中の国際関係：歴史的影響と現在の対立（117）
　　　①民族舞踊を日本で：中国の伝統を実演（118）　②中国の反日デモ：討論やディベートを通じた国際関係（119）

2）日本の国際的役割：日本人の 21 世紀に向けての市民性の構築　*122*
 a）独立行政法人国際協力機構(JICA)の役割
  ：国際理解教育に対する政府の応対（*123*）
  ①生徒の JICA 職員に対するインタビュー（*123*）　②体験を語る JICA の海外ボランティア（*124*）　③ JICA の国際理解教育（*127*）
 b）日本の NGO と国際開発：教室での知識の共有化
  ：アジア協会アジア友の会（*129*）
 c）日本の国際化の反映としての英語（*132*）

3　まとめ　*135*

第 6 章　結　論　*139*

1）総合的な学習の時間を通して考える
 「Dimensions of Difference：差異の諸側面」　*139*
 a）地域学習アプローチ（*139*）
 b）人権教育的アプローチ（*140*）
 c）多文化共生的アプローチ（*141*）
 d）国際理解教育的アプローチ（*141*）
2）中高における総合的な学習の時間　*142*
3）脱中央化・教育的自律性と総合的な学習の時間　*142*
4）重要化する市民社会の役割
 ：日本の NGO／NPO と総合的な学習の時間　*143*
5）総合的な学習の時間からの予期せぬ産物：教授法の変化　*144*
6）多文化主義に向けて学ぶ？　日本社会への意義　*145*
7）構成された自分：総合的学習を通した地域、国家、国際　*146*
8）社会構成主義　*148*
9）教授法としての社会構成主義　*149*
10）解説：ゆとり教育と総合的な学習の時間：政治と政策について　*151*
11）おわりに　*163*

参考文献　*177*

あとがき　*185*

事項索引　*189*

人名索引　*191*

グローバリゼーションとカリキュラム改革
――海外の研究者が見た「総合的な学習の時間」――

第1章 序 論

1 はじめに

　日本社会が新しい課題として直面している教育問題[1]——そこには文化的伝統と国際社会での役割への深い示唆が含まれている。多くの学生が、学校制度に対してかつて想像もできなかったほど激しい非難を浴びせており、なかには完全に登校を拒否し始めている者もいる[2]。新入社員は自分の意見を述べられず、判断できず、意欲もやる気も欠けたいわゆる「指示待ち人間[3]」であると、企業幹部は不満をもらしている。グローバル化の圧力のもと、家庭、地域、国家との連携を保ちながら、生徒に多文化社会で生活し、働く力を身につけさせようと、日本の教師は悪戦苦闘している（Marginson, 1999）。

　高齢化に伴い[4]雇用や社会保障制度の問題が重視され始めた[5]。外国人労働者の流入により[6]、日本は自らも認めてきた自国の文化的な同質性について改めて考え直すとともに、どのように若い世代を地球市民として育成すればよいのかを検討せざるを得なくなっている。従来までの指導方法や学習方法は日本人生徒には十分通用してきたが、大量の外国人児童・生徒が就学するようになった公立学校のもとでは[7]、その伝統的方法も不適切なようである。一方、対外的には多国籍平和維持活動として、「テロとの戦い」により一層負担を負うよう、アメリカを中心とした国際社会からの強い要請がきている[8]。同時に、中国や韓国は日本の再軍備化を示唆するような試みに対し嫌悪感を示している。2005年春に中国で行われた反日運動からもこのことは明らかであろう。また、日本の政府開発援助（ODA）は、アメリカに次いで

2番目であり、国際的に重要な影響力を行使するのにふさわしい立場に本来はある[9]。しかし、国際社会での安全保障理事会の常任理事国入りをはじめ、国際社会でより優位に立とうとする日本の試みは拒否され続けている。

現在の日本は、不確実だが歴史的に重要な変革の時を迎え、自らを再定義しようと悪戦苦闘している国である。Nathon（2004）が言及するように、日本はかつてないほど深刻なもう一つのアイデンティティの危機に直面している。グローバル化の勢力に立ち向かうなか、多様化する社会がもたらす影響と、国際社会のリーダーとして日々増す責任の重さに日本は対応しきれていないようである。

歴史的に見て、日本の国民・政府は、不安定な情勢による社会の混乱を教育の力で解決しようとしてきた。Hood（2001）によれば、他国よりも日本は自国にとって望ましい人格の形成を教育の力で試みてきた。学校教育を通じて子どもの社会化を図ろうとするこの顕著な試みは、道徳教育のカリキュラムや児童教育の早期から規準として導入される「集団生活」の概念として組み込まれている[10]。これは、子どもたちが授業を通してこの複雑な現代社会に献身的に参画する方法を学ぶことが期待されていること、つまり、教師が若者の暴力行為をはじめとするローカルな問題、さらには停滞した国家の経済回復といったグローバルな問題を解決する責任者とされていることを意味している。これらすべての理由から日本は、一国内と国際規模の教育目標との間に生じる緊張関係を検討するうえで格好の事例となっているのである。

Burbules and Torres（2000）はこのような緊張関係を、文化的同質性と変質性が「グローカル」に相互作用し、矛盾し合う弁証法的な事象として説明している。グローカリゼーションとは、グローバルな勢力とローカルな勢力が一国において相殺せずに相克し続ける一連の過程であるといえよう（Burbules and Torres, 2000）。ローカルな繋がりとグローバルなスキルを合わせたこの「グローカル」な融合は、自然と教育の政策や実践にも現れる。どの国も教育を活用して技術や商品、アイデアが競われる国際市場で戦う一方、文化的伝統や社会的一体性を維持することに勢力を挙げているのである。

本研究は、日本が教育カリキュラム改革の一つとして実践している「総合的な学習の時間」を複数ヶ所において調査した質的研究である。これまで日本は教育課程と指導法がある程度一体化した教育改革を行ってきたが、総合的学習では大幅な権限を個々の学校に移譲し、学校の経営陣と教師を分別することによって、意思決定過程を分散化するアプローチを取っている。

　日本の教師がどのようにして総合的な学習の授業を創りあげ、実施しているのかを究明することが、本研究の目的である。総合的な学習の時間によって教員は独立した環境が与えられた。多文化的な国家で生きることや、世界のリーダーとして活躍できるよう学ぶなか、生徒たちが「Dimensions of Difference：差異の諸側面」を探求できるよう、教師がこの環境をいかに利用しているのかがより鮮明になるであろう。

　本研究では差異の諸側面という概念のもと、人と人との間にあるありとあらゆる相違に対し生徒たちの関心を引きつけるために教師が行っている取り組みについて理解を深めていく。日本人は職場や社会における個人同士の繋がりが基盤として強く根づいている包括的な組織主義を誇りとしてきた。ホームルームやクラブ活動などがその典型例である。日本の学校教育はこの組織的な社会化を反映し、制度的構造を通して生徒たちの連帯意識を維持してきたことがうかがえる。このような社会組織の構築は生徒同士の個人的な関係を強める一方、何らかの点において異質と思われる他者を排除する面もある。Finkelstein（1997）が指摘するとおり、日本的な共同体・調和の概念は、排除的・差別的な教育を招くおそれがある。

　自己を社会に「はめる」このような傾向性から、子どもたちは他者と相違する側面を隠す習慣を身につけてしまったのではないだろうか。たとえば、子どもが学校社会のグループから仲間はずれにされてしまうのではないかという心配から多くの家庭が引越しすることをあまり好まない。また、日本の帰国子女[11]は、授業で英文を音読するよう当てられた際、わざと日本人的な発音をすることによって自分が英語を話せることを同級生に知られまいとする。一方、韓国人生徒は仲間や教師から自分の異民族的なルーツを隠すた

めに、校内では日本語名を名乗ってきた。さらに、自分の住居が同和地区[12]にあることを隠すために、違うバス停を利用する生徒がいたことも事実である。多様性を学ぶことは、現場の教師からは重視されていたものの、教育制度全体としては今まで考慮されてはこなかった。むしろ日本社会は構造上、親や生徒の努力不足が学業不振の原因であるとされやすい。「出る杭は打たれる」ということわざでも強調されているとおり、日本社会で異質なものが認められないことは、誰もが容易に実感できるところである。

しかし、このような排他的な社会にも変化の兆しが見られるようになった。日本人とは外見的にも文化的にも異なる外国籍の生徒が増えている昨今、学校や社会にある多様性が意識し始められてきたのである。同質的島国国家の神話の実態が、今解き明かされようとしている。多数派に安定感、帰属感、相互的支えを与える反面、個人の自由や多様な言動を制限しかねないこれまでの伝統的な教育モデル——その限界を超える試みが、日本の学校教育の挑戦であるとTsuneyoshi（2001）は解している。本研究では学校や教師たちが差異の諸側面を露呈し、伝統的な共同体モデルの制限を取っ払おうとしているのか、また、しているのであればどのような方法を採っているのかを探求した。日本の青年たちの「相違」に対する気づき、許容、そして寛容な精神の涵養に貢献できれば幸いである。

本研究では教師は伝統と変革の仲介者であり、カリキュラムと教授法を通して生徒たちに社会的ないし地球規模の問題と向かい合う訓練を与える能力を備えていることを前提として、議論を展開していく。学校のカリキュラムを国民的・世界市民的アイデンティティが構築される文化システムと称するPopkewitz（2000）のカリキュラム構成を参考に、生徒に日本の伝統と変革を模索するよう誘う教師たちに注目したい。また、地元文化に根づいた地域社会と家庭の調和した連帯を図りながらも、社会の変革とグローバルリーダーとしての要求に対応できる生徒の育成に従事する教師の葛藤についても論ずる。

本研究は、急速に変化する社会を背景とした日本の国家的再構築に焦点を

当てる。制度的仕組みとしての学校改革、そして、変革の担い手としての教師の活動内容から、変化を遂げる国際社会での役割と国内の多様性に対する日本の対応力について検討する。本研究が、ますます多様化する生徒たちと国際社会での役割、国家的統一性、そして民族自治に固有する諸問題に対し、日本をはじめとする世界の教育者たちはどのような異文化共生・多文化教育活動を導入すればよいのか——本研究がそのてがかりになれば幸いである。

2　問題設定

　日本人教師は総合的な学習の時間をどのように活用して生徒たちの関心を差異の諸側面へ向けているのか——本研究はまずこの点に最大の焦点を当てた。また、二次的に導かれた次のような観点からも分析を行った：いかなる理由のもとでどのようにしてこれらのアプローチが成立したのか。もし生徒たちに社会の不正や偏見に対する気づきを助長するような活動が行われているのであれば、それはどのようなものか。生徒の自尊心や他者を尊重する心はどのように育まれているのか。教師たちはどのようにして子どもたちの心を地域社会、国家、そして世界に向けて開かせているのだろうか。どのような授業をきっかけに教師たちは生徒に国内の社会変化や多様化に対する気づきを促そうとしているのか。もし、多文化共生と異なる文化に対する寛容性を教える取り組みがあるならば、それはどのようなものなのだろうか。どのような活動を通して総合的な学習の時間で偏見や先入観を植えつけずに世界のことを学ばせているのか。総合的な学習の時間では、どのような市民観の確立を教師たちは生徒たちに期待しているのだろうか。日本市民はグローバルリーダーとしてどのような役割を担うと考えているのか、そしてそれはどのような形で総合的な学習の時間に盛り込まれているのか。日本の国際社会での役目と責任に対する自覚を、教師たちはどのようにして生徒たちに持たせようとしているのだろうか。

本研究では、総合的な学習の時間という特定のカリキュラム構成のもと、どのように教師たちは授業を展開しているのか、複数ヶ所において注目した。授業観察、インタビュー、文書記録により収集したデータを分析した結果、日本の教育者が生徒に差異の諸側面について考慮させる機会を4つの方法で提供していることがわかった：地域学習的アプローチ、人権教育的アプローチ、多文化共生的アプローチ[13]、そして国際理解教育的アプローチの4つである。もちろん、これら4つのアプローチが総合的な学習の時間におけるすべてのアプローチを網羅しているわけではない。しかし、この研究が最重視する側面——国内的・世界的変革の狭間で差異の諸側面に挑戦する生徒を支えるために教師たちが取る手段——を、照射していると思われる。さらに、本文を進むにつれこれら4つのアプローチは、日本人教師が地元地域と国際社会からの圧力に対応してきた結果築かれた伝統的な方法であることが理解できるであろう。

日本の人権教育は1950年代から1960年代にかけて、関西の広範囲に在住するマイノリティの子どもたちに対し充実した学校生活が送れるよう支援し、同和地区出身者[14]や在日コリアン[15]に対する社会的偏見をなくそうとする教育運動から始まった。1950年代に発足された全国同和研究協議会（全協同）は、現在でも日本の学校に在籍するすべての生徒の平等な権利獲得の追及に従事している。アジア太平洋地域の人権擁護と教育の最先端を担っているのも大阪府である。

多文化共生教育への関心は外国籍の生徒数増加を背景に生徒たちと教師の間で高まった。1981年、異文化間教育学会（International Education Society of Japan: IESJ）[16]の発足をもって、日本は初めて制度的に多文化共生を取り上げた。

一方、国際理解教育が始められたのは第二次世界大戦後、日本の国際社会の信頼を回復するためであった。日本の教育基本法（1947年）は、国際交流と国際協力を強調している。また、中央教育審議会は終戦後、一貫して国際理解、国際協力、国際交流の重要性を訴えてきた（佐藤、1999c）。

総合的な学習の時間で実践されているこの4つのアプローチは、教師がど

のようにして生徒たちを地域、国家、世界に結びつけいるのかを明確に表している。また、総合的な学習の時間で教師があらゆる方法で生徒たちに日本人であるということがどういうことなのかを考えさせよう努めている様子がうかがえる。

　社会科の授業は第二次世界大戦直後のアメリカ占領下（1945-1952年）で、日本が歴史教育の再構築に奮闘するなか新しい教科として誕生した。地域学習的アプローチをとる総合的な学習の時間は、子どもたちに地域の商業や歴史と文化を探究し体験学習する機会を設けるための努力がなされる過程で、社会のカリキュラムを背景に展開してきた。

　人権教育では日本社会に存在する階層の違いに焦点を当てていた。学校におけるいじめの問題を人権侵害として取り上げる授業もあれば、「命の教育」として同和地区出身者に対する差別問題を取り上げて同和地区出身者の自尊心向上を目的としている授業もあった。その他、ホームレスや障がい者などの社会問題も人権教育的アプローチ型の授業に含まれている。

　多文化共生的アプローチでは日本国内のコミュニティにおける多様な民族と文化に光を当てている。このアプローチでは外部的な側面を足すことで地域性に複雑性を加えている。日本の民族性も文化も多様化の一途をたどるなか、特に韓国・朝鮮、インドシナ、そしてブラジル人に焦点を当てて取り上げる学習活動が目立つ。生徒たちに自分たち自身の住む地域における民族的、文化的多様性について考えさせるとともに、民族的ルーツ[17]を持った生徒には自身の文化的背景を学ぶ手助けとなる内容が盛り込まれているのである。

　国際理解教育的アプローチでは、地域や国家的事情を越え、日本と世界の繋がりの探究へと生徒たちを導く。生徒たちは発展途上国の持続的発展を促進するために日本の公的機関や非政府団体（NGO）がどのような援助を行っているのかを学ぶ。情報技術や人物との交流、対話やディベートを通して日本の文化に対する海外の影響力と国際的な政治問題について考察していくのである。また、グローバル化が進む世界では必要と考えられる英語でのコミュニケーション能力を在日外国人との交流で磨いている。

本研究は、総合的な学習の時間におけるこの4つのアプローチを枠組みとした分析を基調としている。地域性とグローバル性は、教員自身が認識しているか否かは別として、学習過程に反映されているのだろうか。グローバル化に伴い直面する課題に対応するには、何を知ることが生徒たちにとって重要であると教師は考えているのか。これらの疑問以外にも、「なぜ」伝統的な授業法が変化し続け、現代に沿う形として今のような総合的学習へと展開したのかが、4つのアプローチによる分析から明らかになった。

　本研究ではこの4つのアプローチが、人権意識、移民の増加、そして変化し続ける日本の国際社会での役割といったグローバル勢力によってもたらされた差異の諸側面に対する日本のアプローチを反映していると捉えている。ここで注目したい点は、日本の教育関係者はこれらについて触れる際、グローバリゼーション（globalization）よりも「インターナショナライゼーション（internationalization: 国際化）」という概念を使用していることである。「インターナショナライゼーション」という文脈のもとで政策立案者が議論するのは帰国子女、日本の大学に在籍する留学生、そして日本の学校に通う外国籍の子どもたちに関する教育についてである。よって、同和地区出身者や韓国・朝鮮人に関する諸問題、また、障がい者や高齢者の人権を政策立案者たちは従来国際化を背景とする議題として取り上げなかった。しかし、最近の国内への外国人流入に押され、韓国・朝鮮人に関する政策立案なども多文化共生と国際化の問題として議論されるようになり、何を人権、多文化共生、国際化とするのか、線引きが難しくなってきている。言い換えれば、日々変化し続ける日本の社会情勢により、人権、多文化共生、国際化の意味の再定義が迫られ、新しい形で授業に適用されているのである。

　さらに、本研究において体系化した4つのアプローチは相互排他的な関係にあるわけではない。たとえば、増加する国内の外国人と日本人との多文化共生を基調とした教育アプローチを「多文化共生」と呼ぶのに対し、日本の政策立案者が多くの場合「共生」をテーマに取り上げるのは同和地区出身者、在日朝鮮・韓国人、高齢者や障がい者に関する課題である。政策立案者が

「多文化共生」をテーマにするのはインターナショナライゼーションに関する政策立案を検討する際である。そう解釈するのが正しいか否かは別として、政府は外国籍の生徒数増加をグローバリゼーションではなくインターナショナライゼーションの問題として取り上げているのであろう。

したがって、本研究は地域学習、人権、多文化共生、国際化を包括した、どちらかというと学者的なグローバリゼーションの構成をもとにまとめられていると明記しておきたい。日本の教員はグローバリゼーションを文化的な現象というよりも経済的な現象として解釈している。また、グローバリゼーションがもたらす文化的な影響も、インターナショナライゼーションという枠組みのなかで捉えている教師が多いようである。

学校改革のこの複雑な性格を考察するには、その背景にある事情を理解することが重要であろう。本研究ではまず、先述した教育改革を呼びかけた教育委員会のあらゆる書類を引用し、本研究の焦点である総合的な学習の時間をはじめとする昨今の改革に関係する重要な概念を確認しながら、最近行われた日本の教育改革の特質を挙げていく。次に、グローバリゼーションと教育についての学説を通し、国内の教育方針と実践に対するグローバリゼーションの影響力に関する多様な意見を紹介する。最後に、日本の情勢を改めて検討することで、今一度現在行われている教育改革における本研究の意義を強調したい。

3　日本の教育改革：ゆとり教育と総合的学習の登場

Fujita（2000）は近年の教育改革の波を、日本の「第3時代」の教育改革と呼んでいる[18]。いうまでもなく、最も包括的な教育改革は第二次世界大戦後に行われたものである。この時代、文部省と日本教育組合（以下、日教組）を中心とする教育関係者は、青年たちの心の動きに悩まされていた。文部省が人的資本の開発に力点を置く保守的な計画を促進してきた一方[19]、日教組は教師の自律性と生徒中心の指導と学習を強化する進歩主義的な教育計画を訴

えてきた[20]。

1970年代、保護者、政治家、メディア、そして学者とともに日教組は日本の教育制度に対して積もらせてきた不満を表明した。物質的な豊かさの繁栄とベビーブームに対し、大学や高等学校はそれに応える収容能力を備えていなかった。このような競争社会のもと、入試は最優先事項となった。入試は今でも多くの生徒にとって恐怖の的であり、Rohlen（1988）も日本の教育制度の負の原動力と称している。この試験合格へのプレッシャーは日本の青少年に重くのしかかり、犠牲を生んだ。日本の教育制度は子どもたちの社会的・心理的な問題の元凶であると保護者たちは訴えた。

過去30年間にわたり、国家の教育を担う最も重要な中央教育審議会をはじめとする審議会[21]は、高圧的であった教育制度を緩和する諸政策案を発表し、小規模な成果をこの間収めてきた[22]。以下、改革を推し進める上で最も重要となった1971年の中央教育審議会の答申、1985年の臨時教育審議会（臨教審）答申、そして1996年の中央教育審議会答申の3つの公文書ついて説明する。

1971年発行の答申には、生徒たちの荒廃していく生活や大学・高等学校への厳しい入試競争などの問題について述べている。日本では自然との関係が希薄化し、人間と人間との関係も1960年代・70年代の高度経済成長によって悪化していったことがうかがえる[23]。

1971年の答申から約15年後の1984年、深刻な教育荒廃に向けた教育改革を打ち出すことを目的に臨教審が発足された[24]。以下のくだりから、臨教審の1980年代半ばの日本教育に対する主だった意向がうかがえる。

> 記憶力中心で、自ら考え判断する能力や創造力の伸長が妨げられ個性のない同じような型の人間をつくりすぎていること、……受験競争の過熱や、いじめ、登校拒否、校内暴力、青少年非行などの教育荒廃といわれる現象が目立ち……社会・経済の進展に伴う学校教育への要請の高まりとともに、教育の内容が増加しがち

であり……学業についていけない者がみられる。……現在の学校はともすれば教師中心の発想になり、子どもの立場からものを見る姿勢が乏しくなりがちである。また、父母や地域に対して閉鎖的であり、……都市化の進展により、遊び場が減少し、隣人関係が希薄となり、地域の連帯感を喪失、弱化させ、その教育力の低下をもたらしている。

(臨時教育審議会、1985年)

　この理想に反し改革が期待以下の成果しか収めることができなかった、というのが1990年代中ごろの概ね一致した見解である。皮肉なことに、80年代から90年代にかけ学校教育が緩和され、生徒が自主的な探求学習に費やせる時間は増加したものの、主要科目の学習内容量はそのまま維持されたため実際にはより多くの内容をより短い期間で扱うこととなってしまったのである（市川、2002）。結果、生徒の大多数が授業内容を理解できていないことが2000年に行われた文部科学省[25]のアンケートにより判明した[26]。

　1996年の中央教育審議会答申はそれまでの審議事項について改めて触れ、主要科目の学習内容の3割減など大幅な変更を提案するとともに、本研究の焦点でもある総合的な学習の時間を設けることとした。また、近年教育改革を論ずるうえではすっかりお馴染みとなった「ゆとり教育」と「生きる力」の定義が打ち出したのも本答申である。

　「ゆとり教育」は1970年代ごろから日本の教育界で繰り返し登場してきた用語である。少なくとも1977年の学習指導要領[27]（1981年施行）には「ゆとり教育」という用語が登場している。

　試験制度に対する批判が高まり、政治家や教育者たちがより生徒個々人のニーズに応える日本教育を模索するなか、「ゆとり教育」は1980年代後半からより脚光を浴びるようになった。文部科学省は1989年版の学習指導要領（1992年施行）において、個人を尊重するゆとり教育を提案した。

　1996年の中央教育審議会答申はゆとり教育を「時間的にも精神的にも［ゆ

とり]を持つこと；自分を見つめ、自分で考え、また、家庭や地域社会で様々な生活体験や社会体験を豊富に積み重ねること」と、最も広義に解釈している。審議会は家庭と地域社会を含めた社会全体としてのゆとり教育のなかで、生徒が自身を見つめ、自ら考え、また、学校での日常生活から家族や地域とともに様々な経験を重ねるよう提唱している。

> 「生きる力」は……初めて遭遇するような場面でも、自分で課題を見つけ、自ら考え、自ら問題を解決していく資質や能力……美しいものや自然に感動する心といった感性……正義感や公正さを重んじる心……生命を大切にし、人権を尊重する心などの基本的な倫理観や、他人を思いやる心や優しさ、相手の立場になって考えたり、共感することのできる温かい心、ボランティアなど社会貢献の精神も、[生きる力]を形作る大切な柱である。その子ならではの個性的な資質を見いだし、創造性等を積極的に伸ばしていく必要がある。……[生きる力]をはぐくむということは、社会の変化に適切に対応することが求められるとともに、自己実現のための学習ニーズが増大していく、いわゆる生涯学習社会において、特に重要な課題であるということができよう。……個性尊重の考え方に内在する自立心、自己抑制力、自己責任や自助の精神、さらには、他者との共生、異質なものへの寛容、社会との調和といった理念は、一層重視されなければならない。

(中央教育審議会、1996年)

「生きる力」は、日本の子どもに対する新しい展望を基調としているが、この教育改革の目的そのものでもある。ここでは自主性が強調されている。自ら考え問題を解決する力がこの新しい展望の中心的概念である。自己依存と自己責任という用語から、国民に安定した生活の確保を国に頼らせない政府の新保守的な路線がうかがえる。また、他者との共生や自分とは異なる、異

質なものへの寛容の精神という言葉から、異質性・多様性を例外でなく当たり前とする社会に日本が変化してきたことが読み取れる。まとめると、「生きる力」はゆとり教育と総合的な学習の時間が目的とする、多様多様な公共空間で必ずしも同じ文化的背景を共有しない人とも共存できるような、自発的で寛容的な新しい市民概念を提示している。前述したとおり、本研究の目的は特に他者との共生と違いに対する寛容性に焦点を当て、この新しく期待された人格の形成のために教育者は総合的な学習の時間を活用しようと心がけているのか、もしそのような取り組みがあるならばそれはどのようなものなのかを探求することを目的としている。

2002年4月、文部科学省は新学生指導要領を施行した。1996年の中央審議会答申を受け、学校週5日制、主要科目内容量3割減、総合的学習の時間の実施など、多くの案が取り入れられた。

4　総合的な学習の時間

文部科学省は、観察、実験、調査、問題解決学習、生活体験などを基本的な取り組みとする自然体験学習や社会体験を総合的学習の特徴としている。総合的な学習の時間の目的は、以下の2点である：1）自ら課題をみつけ、自ら学び、自主的に判断し、よりよく問題を解決する資質や能力を育てること、2）学び方やものの考え方を身に付け、問題の解決や探究活動に主体的、創造的に取り組む態度を育て、自己の生き方を考えることができるようにすること（文部科学省、2001）。本調査を行った当時は、小学校で年間70時間を総合的な学習の時間に費やするよう、文部科学省により規定されていた[28]。子どもたちの「生きる力」の養成を目標に掲げながら、各学校は国が提示する政策方針と指導方法を考慮に入れながら総合的な学習の時間のカリキュラムを計画していた。

調査当時、文部科学省は総合的な学習の時間の大まかな指導として、たとえば環境問題、情報技術、福祉・健康、国際理解、の4分野から1つに焦点を

絞り、取り組むことを勧めていた。学習指導要領では生産活動などの体験学習、高齢者等の異世代との交流、そして国際理解に関する教育の一環として外国文化に触れることや英語学習なども例示していた（文部科学省、1998）。

ボランティアや他の社会奉仕活動など、社会教育団体と連携して充実した体験学習を活発化させることも文部科学省は奨励している。また、学校で習得する知識に関連づけて総合学習が行われること、すなわち、教科書の内容を踏まえた活動を行うよう、強調している。

他方、各学校はその所在する地域の特色を活かした教育活動を導入することが求められている。文部科学省はこのような取り組みの円滑化を図るために法律を改正し、学校外からの専門家を教室に迎えやすい体制を整えた。このような体制のなか、教員免許を有せずとも専門的な知識や技術を持った地域の専門家が特別講師として学校と協働することが可能となった。2000年には、全国で11,607人の特別講師が生徒たちとその特有な知識を共有したという（文部科学省、2001）。

ただ、総合的な学習の時間を含め、ゆとり教育は全般的に教育界において大きな論争となってきたことも言及しておく。1998年に新しい学習指導要領が告示（2002年4月より実施）された直後から、学者やメディア、保護者からの反発は後を絶たない。学者のなかには、カリキュラムの縮小は国際的な教育達成度調査[29]における日本人生徒の学力低下に拍車をかける可能性があると訴える者、旧型の教育を通し人材育成によって得られた国際貿易及び商取引における競争力が低下することを懸念する声[30]もある（苅谷、1999年1月11日）。大学・高等学校進学をめぐる厳しい受験競争が依然として残るなか、カリキュラムの縮小は低所得世帯を不利な立場に追いやると社会的階級に視点を置く主張もある（苅谷、1999年1月11日）。公立学校では日本の大学受験に必要な対策はできないと、多くの保護者が私立学校に子どもたちを通わせるようになった。

他方、コンピューター・リテラシーや文化的教養力をはじめ、ゆとり教育は生徒たちを基礎的な学習から21世紀に必要とされる新しい学問へと、一

歩前に進ませるうえで必要であると説く学者や教育者もいる（志水、2002）。議論は現在も尽きないが、改革に関する政争については本章では触れず、第6章で論じる。ただ、歴史的変革期のなかで、教育の役割を日本が見出すにあたり、当改革は論争を呼ぶものであることは間違いないとだけ述べておく。

　日本人はよく自国の教育方針や実践を保守的勢力と漸進的勢力の間を行き来する振り子にたとえる。2002年の学習指導要領は、第二次世界大戦直後から今日に至るまでの50年間、日本の教育制度に関する方針や実践の方向性を討論し、審議を重ねた結論であった。異論のあるところではあるが、総合的な学習の時間は過去60年間のなかでも慎重に理由づけされ、広く考察された最も大規模なカリキュラム変更であったにちがいない。

　教育改革は国際的な現象である——国家的アイデンティティや経済力を背景とした伝統的な近代主義の教育方針や実践を侵害する、グローバル勢力に対する国家の応戦であるといえよう。したがって、今日の日本における教育改革を考慮する際はより広い、世界の教育の流れから解釈しなければならない。近年見られる日本の教育改革の発展を世界の情勢から捉えるためにも、下記の文献レビューでは国家の教育方針や実践に対するグローバル化の影響を様々な角度から解釈している学説を詳細に紹介する。そして、グローバルとローカルな教育方針・実践の間にある緊張関係を検討する上で、なぜ日本が特異なケースとなるのかを説明していく。

5　グローバリゼーションと教育（文献レビュー）

　学者はあらゆる角度から教育方針と実践におけるグローバリゼーションの影響力について論じている。ある学派は、「国家教育を規制し統制する民族国家の裁量を過度に制限する」と昨今のグローバル化に対し批判的見解を示している（Meyer et al., 1997; Dale, 1999）。他の学者は、制度上、大人（教員）が子どもたちの潜在意識のなかに国家像を育み、文化的伝統と社会構造を維持させることが制度上唯一残された場が学校であると主張する（Green et.al.,

2003; Popkeiwitz, 2000)。これらの見解をまとめて以下に述べる。

　グローバル勢力のもとでは国民国家の崩壊が明白であることは、論評や分析結果が一貫して示すところである。ある学者等は超国家的諸機関[31]により提唱された世界経済モデルの出現は、国内外の通商貿易や財政の流れを統治してきた民族国家への脅威であるとする[32]。一方、なかには電子メディアを通じて送信されるグローバルな文化を国家の文化的アイデンティティへの脅威と見る国もあり、そのような国家ではメディアの検閲や学校教育といった制度的手段を通して独自の文化を保守しようとしている。

　Burbules and Torres（2000）は、グローバル化を背景にした教育課題は先の近代主義者が提唱した枠組みとは根本的に異なると指摘している。過去におけるこれまでの教育は、個人と国家のニーズや成長に焦点を当ててきた。その目的は、文化的にも言語的にも同質的な社会集団内で市民が地域や国家レベルで経済的参加ができるよう実力をつけさせることにあった。Burbules and Torres（2000）によれば、グローバル化時代の教育では、家庭や地域、国家を越えた共同体へと繋がりが広がる。啓蒙教育を特徴づける主要な構成要素であることに変わりはないものの、家庭・職業・市民観は社会的流動性とその他の関連要因と対抗するものである。柔軟性や適応性、あらゆる公共の場で他者と共生する方法を学ぶこと、多様な関係社会のなかでもアイデンティティを形成し裏づけること――今日の教育はどちらかというとこれらを手助けすることが目的とされている。

　Meyer, et al.(1997) は、教育の目標と目的を定める民族国家の決定権が著しく損なわれている近年の世界情勢を危惧している。彼らによれば、民族国家の諸制度はもっぱら超国家レベルで形成されてしまっており、今日の世界において支配的なイデオロギーであるマルクスの直線的発達史観を強調する西洋的な近代化がそれによって推進されているという。その結果、「同型（isomorphism）」、つまり、経済、政治、文化的相違に関係なく、世界中の教育制度においてカリキュラムの分類が同質化されたというのである（Meyer, et al., 1997）。結論として、学校教育はもはや各個別社会が地域のニーズに応える手

段として選択する道具ではなく、グローバル社会からの強制的な規定となったというのである。

さらに、世界各国の教育方針は種々の国際的な教育達成度調査からの影響を受けている。アメリカはこの達成度評価での悲惨な結果に対し、特に読解力と算数の基礎的な力を重視する路線に軌道を戻してきた[33]。逆に、日本人生徒の算数と理科の点数自体は国際的に上位を保ったものの、学習態度における項目においては「算数・理科の勉強が好き」また、「将来算数・理科に関係する仕事に就きたい」と答えた生徒の割合は、それを大きく下回るものであった。文部科学省は、この評価結果を生徒の学習意欲が欠如している表れであると解釈している。テストの受験生としては優等生であっても、その知識と技術を現実の問題解決に適用することを教わってこなかったのである。だからこそ、数学や理科の習熟と就業機会との結びつきが見えなかったのではないだろうか。

上記とは別に、特定の政策として執行される評価、資金助成、アセスメント、教育水準、教員養成、カリキュラム、指導や試験方法といった教育課題に、新自由主義版のグローバリゼーションが反映されているという見方も広まっている（Dale, 1999）。しかし、新自由主義派に対する反対意見も少なくない——教員組合や新しい社会運動、批判的な有識者たちは、純粋な市場原理や事業界が有能とする模範像から公教育を守り、教育バウチャー（私学補助金制度）や公的助成を受ける私立・教区学校などの新しい試みに対し前例がないと反発している。

Davies and Guppy（1997）は、グローバリゼーションは文化的混乱を招いたと批評している。自分たちの文化遺産を守ろうとする自由主義的なマイノリティや国家の文化的な歴史認識の共有を維持しようとする多数派のどちらも含めたすべての社会団体が、グローバルな文化の影響力を危惧しているのである。学校教育は、俗に「文化戦争」と呼ばれるように、ある種のアイデンティティを持った政治が争われる戦場であるといえるだろう。アメリカの保護主義者は、アメリカ人であるという感覚を失いつつある子どもたちの「文

化的教養」を涵養する国家のカリキュラムを賞賛している。一方、マイノリティ・グループは全世界共通である人権の概念を片手に、広範な情報ネットワークを構成し、資金を調達し、機関を設立することによって多数派の文化を導入する教育に対抗し、自分たちの母語や文化的伝統を歓迎する多文化教育を促進しようとしている[34]。

　ポストモダン派の学者たちも、まったく異なる理由から国家的な教育制度には懐疑的である。彼らによれば、グローバル化の潮流は教育を通して共通の文化を築こうとするあらゆる試みをはじめから阻止している。Donald（1992）は、国内にあるすべての観点を網羅した共通のカリキュラムは、グローバル化が進む現代の情勢下では意味を持たないと主張している。Edwards and Usher（1994）は、多様な人々を一国の文化に統合しようとするモダン主義者の教育計画は時代遅れであると称している。教育を通して共通の文化を築こうとする考えは、その内容を決定する者により何が異質であるかが定義づけられてしまうため危険であると、Bhabha（1991）はさらに考察を深めている。

　グローバル化とその国家教育への影響力をよりニュアンス的に解する学者たちもいる。Appadurai（2004）はグローバリゼーションを、二国家間以上の間に起きる財政、技術、情報、人、メディア、そして文化のフロー（flow）、または「スケイプ（scape）」であると解釈している。このフローは、伝統的な共同体、国家、職業という概念への挑戦であり、もはや伝統、文化、信念、国家とは必ずしも関連性を持たない、混合的で柔軟なアイデンティティを生み出すと主張している。

　この派の学者たちは、グローバリゼーションは内在的に矛盾を抱えた様相であるとしている。上層部からのグローバル化は主に国内外におけるエリートたちに影響を与える過程であるものの、下層部からのグローバル化は社会的身分や経歴を主に起因とする全般的なプロセスとなる。多くの場合、グローバル化は西洋の基準や文化へと均質化をもたらす傾向にあると考えられているが、見方を変えれば、さらに混成化し新鮮な息吹にあふれた社会をもたらす多様な文化間の接点の時代と捉えられなくもない。文化面でいえば、

グローバル化では標準化と文化の均質化が図られる一方、断片化と地域中心的な運動をより推し進めるという葛藤がある。

　この矛盾したグローバル化による葛藤は教職にも影響を与えており、教員は不安定な立場に置かれているといえよう。世界市場の勢いにより、受験者の社会的立場に影響をもたらすような厳格なテスト（high-stakes testing）による説明責任の履行など、市場を基盤とした改革が促される一方、市民社会組織からは文化的な政策を推し進めるようにと、教育制度には上からも下からも圧力がかかっている。教師は州や国家が定める学力基準を満たすよう生徒を指導する傍ら、多文化社会において貢献的かつ協力的に生きることの大切さを理解させなくてはならないのである。教師たちは、相反する政治的政策の狭間で板ばさみになっている——それは、学校や教師の行動に対し失望する関係者が少なくとも一人以上は出るという不安定な場であるともいえよう。

　Green et.al.（2003）は、国内の異なる構成員同士の社会的連帯を築いてきた教育制度の基本的な働きをグローバル化の勢力は侵害していると批判している。彼らの言葉を借りるのであれば、グローバリゼーションは伝統的絆を断ち切り、社会を断片化させ、混乱や分裂を煽る遠心力を生み出しているのである。Hallak（2000）は見解をさらに広め、グローバル化による国家・家庭・職場の弱体化は、個人の社会や未来に対する不信感を募らせ、苦しませていると主張している。Popkewitz（2000）は、マイノリティや変動する移住情勢・人口形態を圧力として、単一な国家・市民観に対し挑戦するものがグローバル化であるとしている。

　Coulby and Zambreta（2005）は国家主義とグローバリゼーションは相反するものとして広く認識されているにもかかわらず、州単位では教育政策や実践を通して実際には両方が推し進められていると主張している。グローバル化と伝統は、必ずしも対立し、相互に排除し合わないようである。しかし、Coulby and Zambreta（2005）は教育の変化が受け入れられていないのは、カリキュラムの方針にこだわるナショナリズムに阻まれてきたためであるとも指摘している。

国家主義者は、国有文化の独自性、独創性、高潔性、そして優位性を訴える。国家の文化的優位性を訴える支配的な風潮は、学校のカリキュラムにおいても見られる特徴である。このような国家主義的な議論は人種差別と結びつく。文化的独自性、独創性、純粋性は、守られた場所で汚染されずに存在することを前提としている。この文化的信憑は他の文化からの干渉や借用を許容しないことに依存しており……人種的純粋性と清潔性を暗示するものである。したがって、自民族中心主義は……排外主義とナショナリズムに応える歴史教育の顕著な特徴なのであるといえよう。

　カリキュラムを通して学校教育にその影響力を保とうとすると、グローバル化された制度下での文化、象徴、価値の流れを州が制限することはもはや不可能なようである。結果、若者のアイデンティティを形成する要素として、ファースト・フードやファッション、音楽などの世界メディアが多大な影響力を持つのに対し、学校の教育課程はそれほどの影響力を持たなくなるのかもしれない。
　冒頭でも述べたとおり、Popkewitz（2000）は学校のカリキュラムを国家や世界レベルでのアイデンティティが構築される文化システムとして説明している。つまり、カリキュラムとは個人が個々の物語を繋ぐ、文章・経験・対話を含んだ一種の言説であるといえよう。そしてこの集合的な物語が時とともに変化すると想定されるからこそ、カリキュラムは社会的・文化的変化に対し子どもたちが対応できる人格と知識を形成する必要がある。しかし、新しい国家の物語を作るには従来の文化的アイデンティティ像を解体しなければならないと、Popkewitz（2000）は忠告している。個人は集合的な国家で謳われた古いアイデンティティと決別しなくてはならない――それは、不安と抵抗を伴うプロセスである。世界中の多くの市民に困惑をもたらすような考え方ではあるが、ある意味、個人の故郷はあると思われていた場所にはもは

やないのである（Wald, as cited in Popkewitz, 2000, p.170）。

　教育におけるグローバル化の影響力を分析した報告の多くは、ポストモダン派の学者たちと同様、教育方針と実践によって集合的な物語を形成することはもはや不可能であると見て、異論多き国家の教育における管轄範囲に焦点をあてている。一方、Green（1997）をはじめとする他の学者は、断片化されたポストモダン社会で社会的連帯を生む媒介としての教育に可能性を見出している。実のところ Green（1997）は、学校教育はこのような機能を果たす潜在性があり、残り数少ない機関の一つであると強調している。つまり、一流教師の手にかかれば、カリキュラムは地域・共同体とともに国際的・グローバル的なアイデンティティに働きかけ、世界の潮流に対抗することもできるというのである。Popkewitz（2000）は、カリキュラムが世界的・国家的・地域的理想像が一致する混合的なモデルを提供することができると結論し、その可能性を支持している。

　国家が教育方針と実践によってグローバリゼーションと対抗する方法は、その国の国際社会での経済的地位と文化的同質性に対する危惧の度合いにより多種多様である。結果、外国語学習と国際交流を強調し語学留学と多文化への寛容性を後押ししながら、世界市民的アイデンティティの形成を進める教育政策を実施する国家もあれば、疑念と抵抗感から鎖国的政策をとり、歴史教育を通してナショナリズムと市民の忠誠心の復興を図る諸国もある（Marginson, 1999）。

　世界経済、そして文化面での日本の立場は、教育のグローバル化と伝統との緊張関係を考察する上で独特なものであるといえよう。グローバル化がもたらす「経済的」利益が潜在的欠如を上回り、アメリカ、欧州と並ぶ三強として日本は世界を舞台に大いに貢献し、活躍してきた。さらに、日本製品やビジネスの世界的流行はいうまでもなく、日本政府や多国籍企業から資金援助された発展計画が広がるアジアを中心に、成長地域における日本の経済力を確保されてきた。

　しかしながら、国境間で勢いを増す文化的グローバル化に対し日本は懸念

し、おそらく危機感を抱いているのではないだろうか。これまで見てきたように、高齢化と少子化が進むにしたがって、グローバル化の流れは求職する外国人をかつてないほど日本国内に送り込んできた。この外国人の存在は、日本の文化的排他性と伝統的な価値観と場所の概念に対し、挑戦的であるようである。教育の場においては、これまでの日本では十分通用してきた指導方法・学習方法も、多様化が進む生徒構成のなかでは不適切な対応しかできず、外国籍の生徒との間に摩擦が生じている。

　また、世界の動向と反対するような教育改革を近年行っている点からも、研究対象を日本に選ぶことは教育におけるグローバル化の影響を考察する上で大変意義がある。アメリカを含め、多くの国々が数学や読解力、説明責任や学校選択に焦点を当てた基礎的なアプローチへの復帰を強調している——そのようななか、日本の教育改革は教師に、より良いカリキュラムを創造させ、導入する自由を与えており、進歩主義的な教育理念を強調する流れを反映しているように見られる。Motani（2005）は革新的な教育者ないし学者は、率先される総合的な学習の時間を活用して、各自特定の課題を前面に牽引してきたと指摘している。たとえば、大阪大学の長尾（1999）が提唱する人権教育を基調とした総合学習、東京学芸大学の佐藤が推進する国際理解教育（佐藤・林、1998）、そして開発教育協会の田中（1998）が勧める開発教育を適用した総合的学習はこの例である。

　最後に、総合的な学習の時間で教えるなか、授業で教師が生徒とともに取り組む姿に光を当てたことに、本研究の大きな意義があると述べておきたい。多くの研究は教育へのグローバル化の影響力を政治や政策面から注目しているが、本研究は教師が生徒との対話を広げる学習をどのように始めたのかという点に焦点を当てた。一連の過程で教師は、そう選択した場合、生徒に自分とは異なる異質性を理解・受容・尊重し、グローバル社会で献身的に生きることに挑戦させることができるのである。

6 研究方法

　本研究は、著者が17ヶ月間滞在した日本の複数ヶ所において実施された質的な事例研究を基に、3年と数ヶ月をかけて行われた。授業観察、インタビュー、そして様々な学校が刊行している総合的な学習の時間に関する文献資料を参照しながら研究を進めた。現地調査中、60の公立小・中学校、高等学校での総合的な学習の時間を見学し、45の日本人教職員・学校運営者・文部科学省職員・組合責任者・NPO／NGO団体責任者・学者とのインタビューを実現し、さらには学術誌や一般誌に掲載された教育改革に関する解説や研究を参照した。

　2003年の2ヶ月間、ワシントン―東京パブリックサービスフェローシップ・フェローとして文部科学省で研究を進めた。2004年8月にはフルブライト大学院生として日本に戻り、2005年の11月までの間、総合的な学習の時間に関する研究を続けた。

　この政策は文部科学省によるカリキュラム決定過程の脱中心化に向けた真っ向からの取り組みである――したがって、本研究は日本全国の34,000以上の公立小中高等学校[35]で行われている総合的な学習の時間について論ずるものではないことを断わっておきたい。総合的学習は教科書の枠を超えた学習であるため、量的な尺度で評価できるものではない。さらに、特別に研修や指導が設けられなかったことから、教員は各地域社会に応じて多様な指導計画を組み立ててきた。本研究で取り上げる事例は、日本全国で実施されている総合的な学習の時間を代表するものでなければ、一定のパターンを示すものでもない。また、本研究は無限に存在するであろう総合的学習のアプローチ法をすべて検討するものでもない。むしろ、いくつかの学校における総合的な学習の時間に的を絞ったものである。

　総合的な学習の時間は日本全国、多種多様である。本研究で論ずる地域学習、人権・多文化共生、国際理解教育の活動は、その特定の学校・学年における総合的な学習の時間の一面を取り上げたものにすぎない。たとえば、人

権教育の例として取り上げた学校でも実際にその内容で授業を行ったのは1年間のうち3分の1程度（調査当時は総合的な学習の時間に割り当てられていた110時間中35時間）という場合もある。人権以外にも、地元についての調査を行う地域学習、工場見学や職場でのワークトレーニング、また、個人に国語・数学の問題ドリルを解かせるなど、総合的な学習の時間の使い道は様々である[36]。教師がいくつかの指導計画を授業のレパートリーとして確立していくなかで、似たような企画や全国的な学習パターンが見られ始めたが、二つとして同じ指導計画はない——その種類に限界はなく、一般化を図ることは無益であり、必然的に困惑を招くであろう。

　訪問観察先は決して無作為に選ばれたわけではない。むしろ、国内において最も人種が多様な学校が選ばれたのである。具体的には、同和地区の生徒が在籍する大阪の学校、韓国・朝鮮に民族的ルーツがある生徒が学ぶ川崎の学校、横浜にある中国帰国生やインドシナ難民が通う学校、そして群馬県大泉町にあるブラジル人生徒が通学する学校を調査対象校とした。しかし、実地調査校はこれらのみに限定したわけではない。「充実している」、いわばユニークな形で総合的な学習の時間を導入している学校を調査の対象に含めることも有意義であると考えられたからである。訪問調査先は、その地域において最も斬新的な教員がいること、また各地の教育委員会に所属する総合的学習の担当者が推薦する学校を中心に選抜した。私見ではあるが、結果として本誌が取り上げた活動内容は、本研究の焦点である差異の諸側面を、日本人教師が総合的学習で生徒たちにどのように教えているのかを示す最も良い事例であると考える。その意味では、本研究の調査対象校は特異な事例かもしれない——対象とした理由は、学校が社会の多様性に取り組んでいたり、生徒たちの社会問題に対する意識を高めるために総合的な学習の時間を活用していたからである。

　実地調査は群馬県大泉町等の数ヶ所を除いて、最も人種的多様性に富んだ共同体で構成されているであろう日本の二大都市周辺、関西地域（大阪・高槻・茨城・松原・八尾市）と関東地域（東京都、川崎・横浜市、千葉・埼玉県）に

焦点を絞った。

　文部科学省の書類に関しては、毎年発行される教育白書（平成14年〜16年度）、1981年、1992年、2002年に実施された学習指導要領を参照した。また、中央教育審議会（1972、1996年）や臨時教育審議会（1985〜1987年）の答申も参考文献とした。

　日本の近年における教育改革について書かれている学術誌・書物・論文・雑誌や新聞記事の数は驚くほど多い。たとえば、部落解放同盟（Buraku Liberation and Human Rights Research Institute for Education Research: BLHRRI）、国立教育政策研究所（National Institute for Education Research: NIER）と文部科学省等は総合学習の実践事例集を発行している。これらの資料から、全国で実施されている総合学習の事例と、本研究の観察対象となった事例を比較対照することで異なる視点から本研究の妥当性を検討（トライアンギュレーション）することができた。学術誌や一般紙に掲載されたゆとり教育と総合的な学習の時間に対する批判や評論も参考にした。本研究の内容に直接的な関係はなかったものの、これらの主張から総合的な学習の時間に対する学者や教職員、世間一般の見解がうかがえた。

　訪問観察先とは県の教育委員会・教育センターを通して連携をとった。ほとんどは単独踏査を目的とした訪問であったが、いくつかの研究会に参加する機会にも恵まれた[37]。日本での在職期間中に合わせて13の研究会に参加した。国が主催者として開催した会や、地方・地域・県規模のもの、また、日教組や他の教職員団体が主催した会にも参加した。

　学校現場で観察した総合的な学習の時間における学習活動は、1ヶ所を除きビデオテープに録画した。そのほとんどが体育館、校内の運動場や田んぼ、学校近隣での活動、または遠隔地での校外見学であった。

　また、静止画ではあるものの、写真も有効的な資料とした。ビデオテープや観察ノートから授業の流れ・雰囲気・様子はわかるが、写真も生徒の発表や教室の掲示物、教師が黒板に書いた内容などの情報を記録する上で大変効果的である。写真に収められたこれらの情報は補足資料として使用した。

2003年に文部科学省のフェローとして在日した2ヶ月間、文部科学省の教育課程・教育指導の担当職員にインタビューをした。2005年春に再びインタビューを行い、直面した問題や総合的な学習の時間の今後の展望について語ってもらった。

　同年、首都圏の小中学校の校長や教員との会見を行った。二回目は2004年から2005年の間、今度は管理者側よりも教員との交流に力点を置き、再び東京と大阪にてインタビューを続行した。また、総合的な学習の時間に対する見解を聞く目的で学者や教育員会・教育センターに所属する総合的学習の担当者に、また、総合的な学習の時間の資料を提供する役割についてNGO・NPOの責任者にも話を伺った。

　インタビューはほとんど一対一で行われたが、数回にわたり、最高では4人の教師とグループ・インタビューを行った。会話はすべて記録され、どの被験者からもインタビューの同意書に署名をしてもらった。すべてのインタビューで筆者自身が面接調査を行うことを務めた。

　インタビューはどれも半構造的面接の手法を利用した。事前に用意した質問は、被験者に総合的な学習の時間に対する意見、学校における総合的な学習の時間の構成や目標、そして学習の作成・評価・改訂・促進における自身の役割について聞くものであった。また、学校の特徴や、社会経済的地位・民族性・国籍といった生徒たちの全体像に関する情報も収集した。

　続く4つの章では、2003年から2005年の2年間以上の間で視察した日本の約60校で実施された総合的な学習の時間での学習活動について詳細に述べていく。上記でも説明した地域学習的アプローチ、人権教育的アプローチ、多文化共生的アプローチ、そして国際理解教育的アプローチ、計4つのアプローチを基準に、活動内容を4章に分けてまとめている。各章には、それぞれのアプローチが教授法として日本の学校でどのような歴史的展開を遂げてきたのかがまず簡潔にまとめられており、視察したなかでも最も有効的だと思われた授業の紹介が後述される。

注

1 詳細は、文部科学省（2001）『21世紀教育新生プラン』を参照。
2 不登校（Non-attendance）、校内暴力（acts of violence in school）、学級崩壊（classroom breakdown）、さらにいじめ（bullying）がよく知られており、何十年にもわたって、教育学研究、一般マスコミの双方で、議論や分析が続けられてきた。詳細は、文部科学省（2001）を参照。
3 指図されるのを待ち、自ら行動は起こさない社員を指す言葉。
4 2012年現在、0～14歳の年少人口は日本の総人口の13.0%、65歳以上の老年人口24.1%となっている。老年人口は1950年（4.9%）以降一貫して上昇している。総務省統計局『人口推計（平成24年10月1日現在）』（東京：総務省統計局、2013）：http://www.stat.go.jp/data/jinsui/2012np/
5 2020年代には、日本の労働力が1千万人分不足するとの予測も出ている。2050年には65歳以上の労働者層も1.7%に減り、高齢者世代の社会保障制度を支える若年層の経済的負担がさらに高まると思われる。詳細は次の文献を参照：Yeong Hae Jung. "Can Japan Become A Society Attractive to Immigrants?" *International Journal of Japanese Sociology* 13（2004）: 53-68.
6 法務省入国管理局の発表によれば、2012年現在、日本の在留外国人数は総人口の1.6%を占める約204万人である。10年前の2002年に比べ、約29万千人増加していることとなる。1990年の出入国管理及び難民認定法の改正により、日系外国人も日本国内での居住・就労が可能になったことが、在留外国人数増加の大きな要因になったと考えられる。詳細は、法務省入国管理局ホームページを参照：http://www.immi-moj.go.jp/index.html
7 文部科学省の調査によれば2012年5月1日現在、日本の公立学校に在籍する外国人児童生徒数は約7万人である。そのうち、約2万7千人が日本語指導を必要としている。詳細は、次の文献を参照：文部科学省（2013）『「日本語指導が必要な児童生徒の受入れ状況等に関する調査（平成24年度）」の結果について』：http://www.mext.go.jp/b_menu/houdou/25/04/__icsFiles/afieldfile/2013/04/03/1332660_1.pdf
8 イラク戦争をはじめ、日本の自衛隊はこれまで非戦闘区域での国際平和協力活動に従事してきた。その一方、政府間で日本国憲法第9条（戦争の放棄）を改定するか否かは論争となっている。
9 2012年の日本のODA実績は支出純額ベースで約106億ドルとなり、世界第5位の拠出国となった。詳細は、外務省国際協力政府開発援助ODAホームページを参照：http://www.mofa.go.jp/mofaj/gaiko/oda/index.html
10 詳細は次の文献を参照：Catherine Lewis, *Educating Hearts and Minds: Reflections on Japanese Pre-school and Elementary Education*（Cambridge, MA: Cambridge University Press, 1995）.
11 帰国子女（Japanese returnees）とは海外、特に英語圏での長期滞在生活を経て帰国した学齢期の子どもを指す。帰国子女が抱える帰国後の課題のうち、日本の学校へ

の再適応を主題とする研究論文は多く、研究も進んできている。詳細は本書第 3 章の文献を参照。

12 詳細は本書第 3 章を参照。

13 多文化共生（cultural co-existence）とは、日本の地域内・学校内にある民族の多様性を示す言葉である。英語では multicultural education（多文化教育）が、最も近い意味を持つ。

14 同和地区とは、江戸時代（1700 年頃）に幕府の法令により低い身分に置かれるようになった集団が居住していた集落を指す。詳細は、次の文献（英語）を参照：Buraku Liberation Research Institute, *Dowa Education: Educational Challenge Toward a Discrimination free Japan* (Osaka: 1995); Juichi Suginohara, *Today's Buraku Problem: Feudalistic Discrimination in Japan* (Kyoto: The Institute of Buraku Problem, 2002).

15 日本に在住している外国人の多くは中国人に次いで韓国・朝鮮人である。詳細は、次の文献を参照：Sonia Ryang, *Koreans in Japan: Critical Voices from the Margins* (New York: Routledge, 2000); Sonia Ryang, *North Koreans in Japan: Language, Ideology and Identity* (Boulder, CO: Westfield Press, 1997).

16 IESJ は 1981 年に有志 64 名で発足され、2005 年現在では会員数 975 名に増加した。当学会の紀要『異文化間教育』は 1987 年に初刊が発行されて以来、毎年 2 回発行している。参考：江淵一公（1997）.「異文化間教育とは」江淵一公（編著）『異文化間教育研究入門』東京：玉川大学出版部。

17 日本の教育分野においては、「民族的ルーツ」（ethnic roots）は日本で生まれ、両親の両方またはどちらか一方が外国籍の子どもを指す場合に用いられる。

18 日本で初めて教育改革が行われたのは明治時代（1868-1912）に教育制度が近代化されたときであった。1890 年（明治 23 年）に発布された「教育ニ関スル勅語」（教育勅語：Imperial Rescript of Education）では、個人の国家への奉仕を基盤とした教育指針を確立した。教育勅語の内容は、1) 孝行の徳や忠誠心などの儒教の価値観、2) 道徳的模範を示す教育の役割、3) 規則や国の法律に従う精神、を主としていた。発布以降、第二次世界大戦終戦（1945 年）までの期間において強力な教育方針となった。次に日本の教育が改革されたのは 1940 年代後半で、連合国軍のもとで行われた。1947 年に制定された教育基本法（The Fundamental Law of Education）は、民主主義と平等主義の要素を教育制度の基盤とした。第二次世界大戦後の変革期にあった当時、連合国軍最高司令官総司令部（Supreme Command Allied Personnel: SCAP）の最大の関心事は、反軍国主義化、脱中央化、と民主化にあった。

19 たとえば 1960 年代、当時内閣総理大臣だった田中角栄氏は日本の経済成長を支えるうえで、理系の高等教育機関に必要な学生数を具体的に掲げている。詳細は次の文献を参照：Robert Evans, Jr., "The Contribution of Education to Japan's Economic Growth," in *Windows on Japanese Education*, Edward Beauchamp, ed.(NY: Greenwood Press, 1991).

20 進歩主義教育を目指した日教組の運動に関する概要は、次の文献を参照されたい：長尾彰夫『総合学習としての人権教育　始めてみよう、人権総合学習』（東京：明治図書、1999）。

21 中央教育審議会は戦後以降、教育に関する重要事項について調査審議するよう設置された審議機関である。これに加え、総理府が特別に一定期間の間設置する機関もある。臨時教育審議会（National Council for Education Reform: NCER）はその例である。臨時教育審議会に関する詳細、及び 1980 年代半ばの審議事項については次の文献を参照：Leonard Schoppa, *Education Reform in Japan: A Case of Immobilist Politics* (London and New York: Nissan Institute/Routledge Japanese Studies Series, 1993).

22 文部省は 1980 年代から 1990 年代にかけてゆとり政策のもと改革を行った。主要科目の授業数を減らし全校活動の機会を設ける、土曜授業の段階的廃止、大学入試制度の改定、そして理科と社会の授業を合わせた生活科（Life Environment Studies）が小学校 1・2 年生の教科として新設された。

23 中央教育審議会『今後に置ける学校教育の総合的な拡充整備のための基本的施策について（答申）』（東京：中央教育審議会、1971）。

24 臨時教育審議会『教育改革に関する第一次答申』（東京：臨時教育審議会、1985）。

25 文部科学省（Japanese Ministry of Education, Sports, Culture, Science and Technology; MEXT）は、旧文部省と旧科学技術庁が統合して誕生した行政機関である。前身である旧文部省（Ministry of Education: MOE）は 2000 年まで続いた。日本での略称は「文部科学省」であるが、英語では"まで続いた"と略されることもある。本書では、便益上「文部科学省」の略を用いるが、2000 年以前は文部科学省が設置されていなかったことを留意するべきである。

26 小学校の高学年のうち 30%、中学生の 50%、高校生の 70% が、授業の内容が「ほとんどわからない」と回答している。ゆとり教育の目的の一つは、生徒の視点から見て「わかりやすい」学習を提供することであった。詳細は文部科学省（2001）を参照。

27 文部科学省は中央審議会をはじめとする機関からの意見を受け、学習指導要領を約 10 年ごとに改定する。

28 総合的な学習の時間が始まった当初は、小学校 6 年生で 110 時間が当てられた。95 時間の授業時間が割り当てられていた社会や理科の科目と比べてみると、その多さは明らかである。

29 2003 年に経済協力開発機構（Organisation for Economic Co-operation and Development: OECD）が 15 歳児を対象に実施した国際学力テストの結果、日本の学力低下が明らかになった；日本の順位は数学的リテラシーの分野で 1 位から 6 位に、読解力の分野ではで 8 位から 14 位に下がった。詳細は次の文献を参照：Lary MacDonald, "Education Reform and Social Change in Japan: The Case of Osaka," *Human Rights in Asian Schools*(8): 79-88.

30 元文部科学省官僚であり現在は首都大学東京の教授を務める大森不二雄氏は、このような見解からのゆとり教育について優れた説明をしている：詳細は次の文献を参照：大森不二雄『「ゆとり教育」亡国論』（東京：PHP 研究所、2000）。

31 i.e. 世界銀行（The World Bank）・国際通貨基金（International Monetary Fund）。

32 次の文献を参照：Joel Spring, Education and the Rise of the Global Economy（New

York: State University of New York, 1998); Stephen Klees, "World Bank Education Policy: New Rhetoric, Old Ideology" International Journal of Educational Development 22 (2002): 451-74.

33　国際教育到達度評価学会（The International Association for the Evaluation of Educational Achievement; IEA）の国際数学・理科教育動向調査（TIMSS, 1995）とOECD の PISA（Programme for International Student Assessment）(2000; 2003) が、現時点では最も包括的な国際評価となっている。PISA についての詳細は http://www.pisa.oecd.org を、IEA の TIMSS に関しては http://www.iea.nl/　を参考にするとよい。

34　たとえば、カナダでは先住民族の教育政策が実施されている；ニュージーランドでは、二文化国家であるがゆえに継承されたマオリ語と英語が新しい教育教育の規定に反映されている；アメリカではアフリカ系アメリカ人が自分たちの文化を主体的に取り上げていくアフリカ中心主義の学校を設立し（Afro-centric school movement）、ヒスパニック系もバイリンガル教育の実施が要求している（Davies & Guppy, 1997: 456-57）。

35　本研究を行った当時（2004 年度）の公立小学校の数は全国で 23,420 校、公立中学校の数は 11,102 校であった。Japan Information Network Statistics：http://webjapan.org/stat/category_16.html#School_Facilities

36　筆者が訪れた小学校のなかには、毎週 3 日間は総合的な学習の時間の 30 分を自習時間として設けていた。児童たちは国語や算数のプリントを自分たちのペースで解き進み、必要があれば教師の手も入った。1 年間の授業のうち 3 分の 1 はこのような授業方式で進められ、残りの総合的な学習の時間は国際理解などに当てられる。

37　日本のプロフェッショナル・ディベロプメント（Professional Development: PD）は指定校中心に取り組まれている。文部科学省と都道府県教育委員会や政令指定都市教育委員会は総合的学習の時間など新しく先駆的なプロジェクトを計画し、重点的に支援する学校を指定する。選ばれた指定校の教職員は地元や国立の専門家が参画する授業公開及び研究協議会等を実施する。研究紀要なども発刊し、学校や生徒、授業の内容の特色を詳細に報告し、年間計画や授業に対する教師と生徒の反応も公開している。総合的学習の時間について分析する上で、このような資料は筆者にとって非常に貴重であった。

第2章　地域学習

　本章では、総合学習のなかでも地元社会の貢献に関する活動を紹介する。児童・生徒たちは地元地域をめぐり施設、工業・住宅区域、商業施設と農業について探究した。何より、これらの活動を通して自分たちが地元では誰が何を仕事とし、どのような課題と直面しているのかを発見していた。近所のクリーニング店やパン屋で働く地元民が調査の対象となっており、児童・生徒の地元地域に対する誇りを育成するきっかけとなった。ある学校の児童・生徒たちは、伝統工芸の職人業とその伝統を守るために多くの努力がなされていることを知った。他方、工芸品、美術館、史跡を調べるなかで、物理的な環境が表彰する歴史を発見する生徒もいた。なかには校庭に伝統的な農村を再現し、古代の生活を疑似化した学校もあった。そして、児童・生徒たちはローカル・グローバルと両方の視点から環境問題について考察していた。本章は、日本という国そのものに光を当て、日本の伝統的慣習、自然な慣習と人々の毎日の生活様式を表に出していく。

1　日本における地域学習の始まり：戦前から戦後まで

　連合国最高司令官（Supreme Commander of the Allied Powers: SCAP）は正式にはダグラス・マッカーサー元帥の肩書きであったが、その頭文字（SCAP）は占領下に置かれた日本を管理する職員や軍人を指すようになっていた。SCAPの指揮下でアメリカの教育使節団（United States Education Mission）が初来日したのは1946年3月、文部省に日本側の教育家委員会（後の教育刷新委員会）

が戦後の教育改革に向け設置されて間もなくのことであった。Trainor（1983）は当時を振り返り、4万の教育施設と500万人の教育者、そして1,800万人もの子どもたちが関わる教育制度の再建と再構築に影響力と発言力をアメリカが持つことは史上初のことであったと回想している。SCAPは教育刷新委員会に次のような戦時教育の教育内容及び方法を削除・廃止するよう指令を出した：1）軍国主義や超軍事国家に関するすべての資料、2）学校における軍事訓練、3）国防や戦意を鼓舞するような教材、4）友好な国際関係を阻害するような記述、5）神道の教義が含まれる資料すべて、6）神国思想を説く資料（Thakur, 1990）。

　このような時代背景のもと、日本の歴史教科書を改変することは教育刷新委員会の重要な任務となり、その作業のために社会科のみ授業開始が1946年秋にずれこんだ（Trainor, 1983）。こうした流れで「社会科（social studies）」が誕生し、日本に新しい教育アプローチをもたらした。本章ではまず、日本における歴史教科書編集及び社会科が主要科目となるまでの過程を追っていく。地域学習についても、歴史的観点からその原点を見直し、総合的な学習の時間という文脈からもその内容を検証していく。

　歴史教科書改訂に至るまで、教育刷新委員会とSCAPは特殊な項目において意見の相違に直面した。SCAPは、『国体の本義』などの超国家主義的な教材はどのような形式であれ、反映することはできないと考えていた。1945年12月31日には、適切な内容の歴史教科書が完成するまで当科目の授業延期するよう要請した。その結果、1947年10月になるまで歴史の授業は再開されなかった。当時GHQ民間情報教育局教育課の教科書担当官であったHerbert John Wunderlichが歴史教科書から削除するよう要求したのは次のような項目であった：1）大東亜共栄圏の教義またはその他の拡張政策を推進するような内容、2）日本人は他の民族よりも優れているという思想、3）天皇に対する絶対的な服従と忠誠心、4）日本の天皇は他国の首席よりも優れているという記載、5）戦争の賛美、6）天皇のために命を落とすことを名誉とする考え、7）戦士を理想化する記述、8）兵役が最も愛国心を表す行為であ

るという教え、9) 戦車、銃、潜水艦などの軍事品に対する賞賛、そして 10) 神道を含む宗教の教義、信条、儀式や祭式に関する説明（Thakur, 1990）などである。

このような方針に対し、日本側の教科書執筆者が反論しないわけがなかった。SCAP 側の教科書部門のメンバーであった John Trainor と文部省図書監修官であった豊田武の対立は、今や伝説に残るほど有名な話である。豊田は一貫して SCAP 側が日本の建国神話は控えるよう要請したことを無視し続け、古事記を参照した歴史教科書の草案をいくつか提出した。彼の暗黙の反抗は見過ごされず、歴史教科書の発刊をさらに遅らせる原因となった（Thakur, 1990）。

教科書改訂はまず戦前に発刊された歴史に関する教材をすべて抹消するところから始まった。「墨塗り」としてよく知られているが、1945 年 8 月 24 日に文部省は教科書内にある軍国主義的なフレーズの削除を命じた。これに応じ、教師は生徒たちに問題となりうる表現、場合によってはページや章をまるごと黒く塗りつぶすよう指示した——それらは少し前まで絶対的真理として受け入れていた記述であった。

文部科学省は国防を強調し、戦闘心をあおり、友好的国際関係を阻害するような記載がある教材はすべて抹消することを基本方針として掲げていた。同省は「慰問袋」や「鳥居」など、削除または取り扱いに注意が必要な表現を具体的に 32 ヶ所挙げた。また「兵タイゴッコ」や「にいさんの入営」などの 7 教材は完全に削除された（Thakur, 1990）。

吉田裕久（2001）は著書『戦後初期国語教科書史研究—墨ぬり・暫定・国定・検定』で敗戦直後に削除・修正された箇所の具体的な内容を分析している。黒く塗りつぶされた教科書の写真が何枚も含まれており、もともと書いてあった文章やページ番号などの詳細も記載されている。

たとえば、「校庭の遊戯」という教材では子どもたちが校庭を行進している様子が描かれていたが削除されている。吉田（2001）は教師たちが行進を軍隊の真似をしていると捉え、軍国主義を象徴するようなこの挿絵を削除し

たのではないかと指摘している。「ハトコイ」という教材の場合、内容自体は削除する必要がなかった。しかし、神社と狛犬が描かれていたことが問題となり最終的にはすべて塗りつぶしとなったのである。そのほか軍艦に関する内容や青い空に向かって飛んでいく飛行機の挿絵や文面も墨塗りの対象となった。官僚は飛行機に関連する箇所は、それが軍事的なものであるか否かに関係なく削除の対象と見なし、そのほとんどを消させた。イソップ寓話として西洋でも馴染みがある「ウサギとカメ」でも、最後に勝利したカメが「バンザイ！」と叫ぶ場面が問題視された。「バンザイ」とは、戦時中に日本兵が敵軍に向かって爆弾を落とす際に叫んだ掛け声だからである。結果、この箇所は塗りつぶされ、「ウサギサン」という掛け声に変えられた。

『初等科國語四』に含まれていた「燕はどこへ行く」は話の内容としては問題がなかった。しかし、教師用指導書には子どもたちの関心を引くようにと韓国やフィリピンについての参考資料が載せられていた。終戦直前に日本はこの両国を占領していたため、この指導部分は削除された。吉田（2001）はこの箇所は植民地化の拡大を連想させる部分であったため、削除の対象になったのだと説明している。「ひよどり越」の課は源平合戦で源義経が背後から奇襲をかけて敵軍平氏を倒す様子が描かれていた。教師指導書には不意打ちに奇襲をかける戦術は真珠湾攻撃（Attack of Pearl Harbor）でも有効的であったことが補足説明されていた。この補助資料が問題になり、結局この課もすべて黒く塗られた。

　教科書が改訂され、歴史の授業が再開したのは1946年10月12日であった。教育刷新委員会の予想とは裏腹に、教師も新聞各紙も教科書を新時代の到来と高く評価した（Trainor, 1983）。家永三郎が編著したこの日本史の教科書『国の歩み』（文部省、1946年）はSCAPからも支持された。家永は考古学的調査結果を加えながら科学的に国家起源を説明する教科書を作成したのだ。日本神話は『古事記』から引用されたままであったが、あくまでも神話に基づく「歴史」ではなく「文学」として提示していた。家永はどの政治的イデオロギーにも染まらずに文化的、社会的、経済的な歴史を記述したのだと説明し

ている。結果、SCAP の教科書担当部門は『国の歩み』を非常に適切な日本史の教科書として認めたのであった（Thakur, 1990）。

　Trainor と SCAP 側の教育担当者たちは歴史教科書の執筆者たちが子ども向けの文章を書くことに慣れていないことにも気がついた。この点について Trainor（1983）は「教科の内容が、教科を受ける子どもたちよりもはるかに重視される教育制度においては珍しいことではない」と指摘している。教科書は明らかに子どもたちの成熟度を正しく認識していなかった。突きつめていえば、生徒中心（student-centered）ではなく内容中心（content-centered）のカリキュラムだったのである。子どもたちが出発点であるからこそ、学校のカリキュラムは彼らの興味を最も大切にし、彼らにとって意義のある内容でその興味の幅を広げていくべきである——そのような概念はほぼ無視されているようであった。

　戦後のカリキュラム改革は社会科の授業の登場で幕を開けた。1946 年 6 月、SCAP は具体的な例を通して地理の基礎知識を習得できるよう、また子どもたちには身近で日常的な事柄を探究させようと各学校の校長たちに「国民学校に於ける地理の授業再開に関する件」を通知した。加えて、子どもたち自身に地元地域の地図を作成するような活動も奨励した（谷口、2005）。実際、1947 年の学習指導要領社会科編（試案）には社会科の目的が「青少年に社会生活を理解させ、その発展に力を致す態度や能力を養成すること」（国立教育政策研究所、2014）であると明記されていた。特に「一、人と他の人との関係、二、人間と自然環境との関係、三、個人と社会制度や施設との関係」（国立教育政策研究所、2014）が強調された。谷本（2007）はこれらの方針が「総合的な学習の時間」と重なるものであると指摘している。

　地域密着型の学習はこのような社会科教育の進展とともに導入された。はじめは自分たちの住む「郷土」を散策することで子どもたちの市民性（citizenship）を育成することが期待された（竹内、2009）。この郷土学習に変わり「地域学習」が学習指導要領に登場したのは 1968 年のときだった（竹内、2009）。「郷土」が情緒的な表現であるのに対し「地域学習」は客観的で科学的なア

プローチで地理を捉えていくことが強調されている（竹内、2009）。これは、生徒たちが自分たちで問題だと思う地域の側面も自由に探究することが認められたことにもなる。「身近な学習」の学習に力を入れることで、子どもたちの地元地域に対する興味を引き、故郷をより良いところにしようとする姿勢が育成することが目指されるようになった。

2　総合的な学習の時間における地域学習的アプローチ

1）地域の探検

a）私たちの町のツアー

　A小学校は、身近な学校環境や地域社会を重視しており、総合的な学習の時間のなかではその探究を進めてきた。当校の児童たちは毎日学校に通い、遊び、両親と地元の店を頻繁に利用している。しかし、その地域の個性的な特色には気がついていない。町には寺や酒蔵などの歴史的名所がある。児童館もあり、放課後になると多くの児童で賑わっている。日常的には地域と関わることが非常に多い児童たちである。そこで、当校はこの繋がりを活かし、自分たちが住む地域に対し児童たちが理解を深められる方法を思案したのである[1]。

　まず、児童たちは校舎の屋上に上り、町全体を見渡しながら調査の計画を立てた。それぞれの班が異なる地区を担当し、自分たちの興味がある場所を選んで探索した。さらに理解を深めるために、公民館のことは地元職員から、寺院のことは僧侶から直接話をしてもらった。

　1学期の間、児童たちが地元地域を探索したのは6回である。その過程で、町で一番おいしいパンが購入できる店など様々な町の秘密を知り、クラスメートにも教えたい場所も見つけていた。保護者や地元地域の協力のもと、児童たちはこれらのことを報告し地元をまわるツアーの企画を立てた。保護者をはじめとする関係者に招待状を送り、実際に案内を行ったのである。

　招待された土曜日当日は、保護者や地元住民に加え関西各地から来校した

町のツアー

教育関係者が校舎に集まった。3年生の児童たちは校庭に広がり、プラカードでそれぞれ自分たちが企画したツアーを宣伝していた。「町一番のパン」など、どの班もオリジナルのキャッチフレーズで大人たちをツアーに呼び込んでいた。各班が校舎を後にし、参加者全員が自己紹介をし終わったところでツアーが始まった。

　筆者が参加したツアーでは、まず学校が飼っているウサギが紹介された。児童たちはウサギの名前を教えてくれ、ウサギが何を餌とし、どのように世話をすればよいのかを説明してくれた。そこから一行は児童たちが毎日のように利用している公園へと向かった。その途中男子児童の一人が、通常120円かかる飲料水が100円で購入できる自動販売機を教えてくれた。公園では女子児童が「幼いころ母親に連れて行ってもらった」と、思い出の場所を語ってくれた。彼女は幅が広いすべり台を見せてくれ、「1人よりも2人ですべった方が楽しい」と指摘した。母親とよく遊んだブランコもあわせて紹介

してくれた。

　次は、市営の障がい者支援施設へと案内された。当施設では障がいを持つ人の職場であり、学びの場でもあるのだと児童たちは説明してくれた。障がい者が店舗管理・運営する1階のカフェはコーヒーやランチが手頃な価格で提供されているのだとも報告してくれた。

　その後、向かったのは周辺地域の小学校1,200校、中学校1,000校に給食用のパンを製造し、提供している地元のパン工場だった。工場長は中学校で教鞭を執ったこともある元教師であった。児童たちは以前インタビューをした際、工場が扱う膨大な小麦粉の量に驚いたそうだ。次の目的地へ向かう途中、児童たちは通りかかりにあるクラスメートの家を指し示し、よくカエルやムカデなどの虫が捕まえられる田んぼを見せてくれた。

　ツアーの最終地点はパン屋であった。このパン屋には一度に800個のパンを焼けるオーブンを所有していた。この小さなパン屋を経営しているのも先ほどの工場長なのだと、児童たちは説明してくれた。当店で販売しているサンドウィッチのパンは工場から取り寄せているが、それ以外は店舗で直接焼いたものを提供しているとのことであった。一行が校舎に戻ると感想を述べ合う時間が設けられた。ある保護者は、飲むこと・食べることが好きなため地元のパン屋や割引された自動販売機を紹介してもらえて嬉しかったと、児童たちに礼を述べた。

b）私たちの町の名人を探そう

　B小学校の総合的な学習の時間は、地元で働く人を注目するものだった。当校は、1) 人間の命を尊重し、2) 自分自身の考えを持ち、夢の実現に向けて行動でき、3) 周りを助け、励まし、4) 能力やスキルの幅を広げ、高めることができる児童の育成を目指し、総合的な学習の時間を設計した。当校の教員たちは児童一人ひとりが他人との違いを理解・尊重し、自分たちが住む地区を調査することで「地元の地域社会が抱える課題を解決したい」という意思が芽生えるよう、願った。また、自分が学んだことをどのように表現す

れば他人に伝えられるのか研究することで、子どもたちのコミュニケーションスキルも育みたいと述べた。さらに、当校の総合的な学習の時間中に課される活動を一つひとつ達成していくなかで、児童が自己の存在価値について考えるようになり、最終的には自尊感情の向上に繋がることが期待された。また、教員たちはそこで得たスキルを日常生活のなかで活かしてほしいということも願っていた。

　1学期では、当校の3年生は学校周辺には何があるのかを把握する。まず学校の屋上で変わった形の建造物がないかを探す。公共施設や町の主要な構造を調査し、それを基に地図を作成する。この活動はもともと教科書のなかに組み込まれている。

　2学期に入ると、「出会い」に焦点が当てられる。近隣にある別の小学校の児童や、海外に在住経験がある人物、日本に在住している外国人など、様々な人々をインタビューする。地元のスーパーマーケット、神社、コンビニエンスストアと駅でのフィールドワーク、そして、学び、挑戦し、考え、得た情報を1つにまとめるなかで、児童たちは地元地域の理解を深めていく。

　3学期の授業は児童同士の情報交換が主となる。児童はフィールドワーク、観察、インタビューで得た情報をポスターや寸劇や歌など様々な手法を使って発表する。この間、より良い地域を作るためには何をするべきかについても提案をする。

　筆者が参観した授業は「名人の秘密を探ろう！」と銘打たれたものだった。授業計画を立てた教員たちは、1)地域にいる大人たちの生き方を学ぶ機会、2)自分たちが住むコミュニティに対する肯定的な態度とそこに住む人々への関心を育む機会、3)地元住民に対するインタビュー、またその内容を報告する活動を通してコミュニケーション能力を身につける機会を与えようとしてきた。

　この総合的な学習の時間の目標は、児童たちが地元である工芸や職業一筋に従事してきた人物を探し出すことにあった。授業が始まった当初、児童たちはそのような人物を見つけることができるのか半信半疑であった。ゆえに、

地元に何人もの名人がいることを知り、驚きを隠せなかった。地元住民が日々働いている現場を訪れ、インタビューをしていくなかで児童たちは特別な技術を持ち、事業で成功を収めている人物を発見した。「この人こそ『名人』だ！」と感じた相手のもとを再び訪れ、様々な秘訣を聞き出した。児童は重大な発見したと思い、教員たちはこの経験が地元地域の町を尊重するきっかけになることを願った。

当校で行われた地域の研修会では、3年生の代表として数グループが同学年の児童や教育関係者、保護者の前で名人に関する発表を行った。どのグループもポスターを用意し、名人の顔写真やこれまでの人生や仕事に関する情報を載せていた。発表のなかでは地元でリコーダーを教えている女性、コンピューターを修理している男性、学校付近でクリーニング店を営む男性等が発表された。

児童たちは発表を2部構成にしていた。第1部では、インタビューから得た情報をクイズ形式で紹介していった。第2部では、短いエピソードを通して名人についてさらに語った。最後に、児童たちは名人に関するとっておきの情報を3つ紹介した。

ある班は、地元でクリーニング店を営む男性を紹介した。発表は以下のような流れで進められた。まず、児童たちは観客にクイズを出題した。

　　　名人がこれまでの人生のなかで一番面白いと思った出来事は何でしょう、と聞き、以下の選択肢を提示した：
　　クリーニングを依頼された衣服のなかに……
　　　① カツラ　があった。
　　　② パンツ　があった
　　　③ 洗濯バサミではさまれた男性用と女性用のパンツ　があった。
　　　　　　　　　　　　　　　　　　　　　　　　　　（正解は②）

その班は、続いて名人に関する興味深いエピソードを観客に発表した。

第2章 地域学習 43

達人の紹介

① 名人は以前メガネの販売員や料理人を勤めたが、体を動かす仕事がしたいと思いクリーニング店を開いた。
② クリーニングの仕事を始めたのは39年前だった。今では洗濯のプロであるため、簡単には仕事を辞められない状況にある。
③ 名人は機械に頼らず、素手でしわをとる。そのほうが効果的で、衣類自体も傷つきにくい。
④ 九州・神戸・京都を含め、全国から依頼を受ける。
⑤ 依頼主が住む町や村にもクリーニング店はある。それでも自分のところに衣類を送ってくれることが名人には嬉しい。
⑥ 名人の元気の源は「お客様」である。
⑦ 全国からあまりにも依頼を受けるため、39年間この仕事をしてきた。
⑧ 名人はふとんや衣類を丁寧に扱うため、依頼人から評価されている。
⑨ 「シャツがきれいになった」と依頼人にいわれることが嬉しい。

⑩　毎日、平均 20 人が直接店へ依頼しにくるが、そのほかにトラックで 300 点の衣類が運ばれてくる。
⑪　名人にとって何よりも嬉しいことは、客が彼の仕事を必要としてくれていることである。
⑫　彼はこの道のプロであるため、5 分でシャツ 1 枚をきれいにすることができる。名人は毎日、平均 250 から 300 枚のシャツと 80 から 100 本のズボンを手掛けている。
⑬　彼は素晴らしいプロである。

紹介された名人の全員が事業主であったわけではない。なかには風変わりな趣味を持っている人物やボランティア活動をする地元民もいた。次の発表では、風車づくりの名人が紹介された。「あなたは風車を作ったことがありますか」

この児童たちもまた、クイズから始めた。
クイズ：風車にはどのような効果があるか。
　①　人を助ける。
　②　人をリラックスさせ、気持ちを楽にする。
　③　人を感情的にさせる。

(答え：②)

児童たちが紹介したエピソードは、次のとおりである：

①　ある日、とても悲しそうな顔をしている人が名人の作った風車を見かけた。
②　風車を見たその人は、少し心が軽くなった。
③　風車を見て、心が癒されたのだと思う。
④　暴走族でさえ、風車は壊さない。

⑤　病院に風車を送ったところ、受け取った人の病状が良くなったという話も聞いた。
⑥　彼の作品で人に喜んでもらうことが、名人にとっての喜びである。

発表者である児童たちによると、インタビューした際に名人はいつでも児童たちの好きなときに風車の作り方を伝授すると約束してくれたそうだ。さっそく児童たちは名人のもとへ戻り、風車を作った。この発表会では、児童たちが自作した風車を実物で見せてくれた。風車は様々な形や大きさに切られたペットボトルで作られており、色とりどりに装飾されていた。風によって様々な方向に羽が回転する仕組みになっている。

児童たちは風車の名人について、とっておきの情報を3点共有してくれた：
①　自作の風車を受け取り、「ありがとう」とお礼してもらえるときに名人は喜びを感じる。
②　風車を受け取った人は、年齢に関係なく優しくなる。
③　風車を受け取る人々の様子から、名人は元気をもらっている。

担当教員によれば、児童たちは人と会い、話すことを楽しんでいた。他人の前では引っ込み思案だった児童も、この活動を進めるにつれ消極的な態度を乗り越えることができた。それでも、自分の考えや思いを表現することが苦手な生徒はまだいるとも指摘した。

2）伝統的な日本の発見
a）古墳の探索

C小学校は埼玉県にある。この小学校の総合的な学習の時間は、発見・探究・発表の三部構成で成り立っている。「つながり」「広がり」「深まり」の3つの「り」を経験する過程に、児童たちの学びがある[2]。

当校の総合的な学習の時間は、「C市のすてき発見！」をテーマにしている。

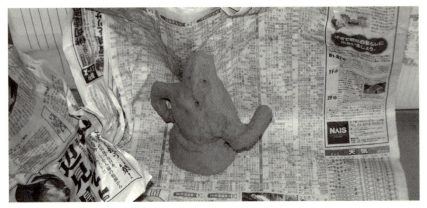

小学生が作ったはにわ

　まず「つながり」の段階で児童は周辺地域の環境を調査する。文化的施設、美術館、公園を訪れ、地元の町に対する理解を深めていく。「深まり」の段階では内容を狭め、自分たちの学校の歴史について考える。最後の「広がり」では、学んだことと、自分自身の生活を繋げ、自分たちの生き方を見つめていく。

　この児童たちが住む町は古代の墓地に囲まれた城下町でもある。4〜6世紀頃、当時周辺地域で影響力があった者がその古代の墓に埋められた。古墳は鍵のような形をしており、周りは堀で固められている。粘土でできた埴輪は前を向いたまま、死者の案内人や墓の守り人として埋葬された。

　小学校の社会科の教科書は、この時代における日本の文化・慣習・埋葬儀礼に関して詳細に説明している。教科書には発掘現場周辺の地図だけでなく、発見された工芸品の写真も掲載しており、埴輪や古墳についても細かい情報が記載されている。教科書によれば、古墳は小さいもので直径50 m、大きいもので400 mのものがある。土器をはじめとする様々な飾りものもともに埋葬されている。古墳は全国各地で造られているが、埼玉県のものは特に大きい。発掘調査からは、古墳から個人の装飾品や鏡・武器などが見つかっている。このような技術の偉業を成し遂げるには多くの協力と集権的な政治体

制が必要であるため、日本の歴史学者は古墳を社会のシステム化を象徴していると捉えている。

　総合的な学習の時間の一番の目的は、学校で地域の特色を調査することにある。この埼玉県の児童たちは、歴史的にも文化的にも資源があふれており、恵まれた環境にいる。総合的な学習の時間を通して児童たちは歩いていける範囲にある地元の城跡を見学し、周辺地域の歴史について専門家から学んだ。古墳へも校外見学の一環として行き、実物の写真を撮りつつ情報を集めた。

　自主学習、校外見学、情報誌と埴輪づくり——これらの活動の集大成にあたる授業を筆者は見学した。児童たちはインターネットや地元の博物館、特別講師、学校周辺の史跡の見学などを通して得た情報をこの授業で報告することになっていた。

　どの児童も、古墳周辺の地図や埴輪の情報を載せた小冊子を事前に作成していた。ある男子児童の場合は、古墳周辺の詳しい地図、数基の古墳の大きさを比較する表に加え、埴輪の作り方も書き込んでいた。また、個々人が造った埴輪も教室内に展示されていた。

　どの児童も具体的なテーマのもとで調査を行ってきた。地域にはあまりにも古墳の数が多いため、詳しい情報は1基に絞って集めるようにした。ある児童は、自分が調べた古墳は全長120 m、幅11.7 mだったと報告していた。また、古墳の種類について説明した児童もいた。彼女は黒板に簡単な図を描いた：丸い古墳（円墳）、四角い古墳（方墳）、鍵の形をした古墳、の3種類であった。こうした手順のもと、児童たちはお互いに得た専門知識を共有していった。

b）古代の生き方を再演

　D小学校は東京都品川区に所在する。品川区は公立学校選択制を東京都で初めて導入した。この制度では、児童・生徒は複数校のなかから進学する小・中学校を選ぶことができる。筆者が調査を行った当時、品川区は40の小学校を10校ずつ、計4グループに分かれていた。ある学校の経営陣によ

れば、小学校の場合は学校の位置と入学者の出身幼稚園の 2 点が就学先の決め手となる場合が多い。その経営陣が運営する学校は、線路や有名企業のオフィスが周辺にあるため非常に広い範囲が学校区域に指定されていた。以前は遠くまで子どもを送らざるを得なかった保護者も、今では安全性・便宜性を考慮してより自宅に近い学校を選べるようになった。

この競争的な環境のなか、各校はユニークな授業を実施することで保護者の注目を集める努力をしてきた。D 小学校の場合は、校庭の一角に『森』を造った。規模は小さいものの、この森には木が茂み、短い散歩道があり、鯉が泳ぐ池がある。植物にはその種類がわかるよう、表示がつけられている。森の隅には昔ながらの小屋が建っていた。この小屋は藁やロープ、その他繊維状のものでできた弥生時代（500 BC～300 AC）の家屋、竪穴式住居のレプリカであった。この森は理科、社会、そして総合的な学習の時間に関連する様々な活動・学校行事に活用されている。

著者が見学した授業は、社会科の古代の水田稲作農業に関連する単元の発展となる活動であった。同時に、美術の授業で行う土器づくりを融合させた授業でもあった。社会科の教科書には村の全体像や水田稲作、当時の住居、日の起こし方や土器の作り方が紹介されていた。発掘作業で見つかった工芸品の写真も掲載されていた。弥生時代は一般的に日本で稲作が導入された時代とされている。この社会科の単元を受けて、美術の授業では教科書に載っている土器と同様のものを作成した。

5 年生一同は、この総合的な学習の時間のために外に集合していた。校庭の森の近くには、薪が積まれていた。また、生徒たちが事前に作った弥生風の土器も近くに置かれていた。区役所からも記者が訪れ、その様子を録画していた。地元の新聞に後日掲載するためである。

担当教員は、木材とロープで摩擦を起こし、火種を作る見本を児童たちに示した。この火種は、動物の毛で作られたワタに移される。手本を見せたところで、教員は児童たちに弥生時代の人々はこの技に長けていたため 1 分もしないうちに火を起こすことができたが、初めて挑戦する児童たちには時間

古代の森

がかかる作業なのだということを説明した。だからこそ慎重に、一生懸命頑張るよう、合わせて指導していた。

　火を起こすための道具を持った児童たちは2人から3人の班となって校庭に広がった。多くの班が火起こしに成功したものの、ワタに火を点火できるほど強い火を起こすことはできなかった。最終的には数人が木材に火をつけることができ、土器を焼いて固めることに成功した。

　以上で紹介した総合的な学習の時間では、地域に自然と見つかる資源が活用されていた。たとえば、一方では古墳について学び、他方では火起こしや土器づくりを通じて古代の暮らしを再演していた。結果、児童たちは自分たちの住む地域の伝統的な文化を発見することができていた。

　しかし、日本の学校に通う大半の生徒が日々のなかで接触する物理的環境は、汚染化が進み、都会が広がっている。環境問題は多くの学校が総合的な学習の時間で中心的に取り上げているテーマである。事実、文部科学省は総合

的な学習の時間で環境問題について取り上げることを最重視しており、一般的に多くの学校もこのテーマを受け入れている。今の子どもたちが自然とあまり関わった経験がないことを危惧している保護者や教員からも、このアプローチは支持されてきた。

次は、総合的な学習の時間における環境活動をいくつか紹介する。活動の多くは学校や地元地域周辺といった身近な環境を取り上げている。しかし、なかにはその範囲を国レベルに広げ、リサイクル問題、公園などの天然資源や人工物の保護・保全活動について考察させる学校もある。

3）環　境

a）日本の伝統を守る：米作りと人工資源

E中学校は、東京都市部の北に位置する埼玉県の学校である。学校の周辺地域には、東京へと続く南の荒川と県の北部にある利根川を結ぶ人工水路、見沼通船堀がある。

見沼の土地は、人工水路ができる以前は沼地が広がっていた。1730年に徳川幕府の要請でこの沼地は掘られ、新田開発に向けて灌漑用の水路が建設された。利根川から沼地に灌漑用水を送る60kmもの水路ができあがったのである。水路建設は1727年の秋から次の春まで続いた。この用水路は今でも1200haの水田のために利用されている。

用水路を東京と繋げて水運利用にする意向は農業用水路が完成したのちに考慮された。川と川の間には標高3mの差があり、水流の関係上船を運航するのは当初不可能と思われた。しかし、1731年にはその対応策として閘門が造られた。現在、この閘門は国の保護のもとに置かれ、周り一帯も自然公園として保全されている。

江戸時代、この見沼通船で運ばれた最も重要な運搬物は米であった。陸で米を運搬するには多くの人手と費用がかかった。一方、水運では少ない労力で多くの貨物を比較的容易に運ぶことができた。船長と船員は木造の船を漕ぎながらこの水路を通った。船の幅が約2.3mであったのに対し、閘門は2.7

第2章 地域学習 51

生徒の米作り

mほどの幅があった。船にはそれぞれ150から200俵の米や藁が積まれ、東京へと運ばれた。そのほかに麦、農作物、木材、竹や酒が都市へと運ばれた。一方、東京からは布類、魚介類、塩や砂糖をはじめとするあらゆるものを運び返した。

　E中学の2年生は、15km程あるこの水路沿いを歩いた。生徒たちは朝7:30に学校に集合し、バスで30分かけて出発点に着いた。道中、生徒たちは水路沿いと自動車道が交差する地点が示されている地図を手にしていた。中間地点の公園で休憩を取り、水筒を片手に持ってきた弁当を広げた。目的地には保護者が生徒たちに冷たい飲み物を用意し待機していた。

　生徒たちが手に持っていた地図はグリーンマップ[3]（Green Map）と呼ばれるものであった。グリーンマップとは世界共通の地図作りツールであり、生徒がマッピングの作業を通して都市部・地方の社会文化的な資源と自然の関

係性を理解できるようになっている。グリーンマップシステムには自然や人工的な資源を表す「グローバルアイコン」が付いている。このアイコンは、動植物・水陸のほか、コミュニティセンターなどの情報資源、太陽光発電所をはじめとする再生可能資源、自転車・歩道など環境にやさしい移動手段、スピリチュアルな場所を含めた文化資源、さらには騒音・汚染・大気汚染といった毒素や汚染状況など、様々な要素が反映されている。

グリーンマップシステムは日本国内においても活発に利用されている。2002年に公式に設立されたグリーンマップジャパンは国際交流基金からの援助を受けながら国内外の活動を展開してきた。ウェブサイトの運営や教員向けのワークショップの開催、教材の開発、国内会議の開催などを行っている[4]。

E中学校の生徒たちは各々、自分の地図にアイコンシールを足しながら道沿いを歩いた。途中、寺などの宗教的な場所や竹や鳥など動植物を発見した。汚染の原因となるような地点（大きな交差点など）や自然の荒廃が進む大規模な商業地域にもシールで印をつけた。

b）日本の米文化：消え入る伝統

地域学習・日本の伝統文化・環境問題を統合する授業として、米文化の学習を総合的な学習の時間に取り入れている学校が多数ある。日本社会の都市化が進んだことで、多くの子どもたちにとって苗が植えてある水田を素足で歩く機会はあまりない。このような地域では有志で生徒・教員に自分たちの専門知識を共有する取り組みを行っている。校庭に小さな田んぼを保有する学校は少なくないが、地元の農家から協力を得ている学校や、思い切って長野や新潟などの地方へ米文化を体験しに行く学校もある。多くの場合は早朝に学校を出発し、午後遅くに帰校する日帰り体験を実施している。

F小学校は川崎市南部にある都市部の学校である。当校には朝鮮・韓国にルーツをもつ児童が多く在籍しており、南アメリカ出身の児童も通っている。筆者が調査を行ったころは、小学校6年生の総合的な学習の時間に割り当てられた100時間のうち約半分の50時間を「環境」に費やしていた。授業の

第2章　地域学習　53

田植えの体験

　目的は、児童が日本における米文化の重要性と食料供給の問題を理解すること、そして、これらの問題を環境問題に結びつけられるようにすることだ。また、この学年では長野県三水村への研修旅行も実施されている。地元の人と会話し、田んぼでともに働くことを通し、児童たちが農業問題を実際に農産業に携わる人の視点で考える機会となっている。

　環境をテーマとした一連の授業は新年度のはじめから開始する。導入として稲作農業が紹介され、その流れで水の重要性についても取り上げる。児童たちは水が限られた資源であり、ダムには町や村に水を供給する役割があることを知る。なぜ地域によって米の味が異なるのか、その理由の一つが水の違いにあることも学んだ。

　5月に入ると児童たちはインターネットを通して研修先の三水村について調べ、ポスターに情報をまとめて展示する。地元地域からは特別講師が呼ばれ、特に児童たちが長野で体験する棚田での農作業について講演を行った。

児童たちはなぜ水田が山の斜面に作られたのか、日本における稲作地の何割が棚田なのか、どうやって棚田を作ったのか等、様々なことを思案した。

児童たちは棚田に米を植える時期に長野県へ日帰り研修に行く。早朝に出発した児童たちがまず地元の専門家から学ぶのは、苗の植え方である。農家での体験活動は、環境をテーマとした授業のまとめではなく、むしろ単元の途中で行っている。学校に戻るとすぐに、児童たちは長野での体験を録画したビデオで再確認し、水問題についてのディスカッションへと移る。

著者が見学した授業は、長野での体験を終えた直後の回であった。録画した映像を見終わったところで、教員は児童たちに稲作や農業水について一番重要なことを思い出すよう呼びかけた。そこから毎日の水の使い方、地球全体の水環境へと話を広げていった。

教員は、地球表面にある水の98%は飲み水に適さない海水であることを説明した。残りの1.4%は北極・南極にある氷であるため、人間が利用できる淡水はわずか0.6%となる。そこから教員は児童たちに人は1人で毎日どのくらいの水を利用していると思うか質問した。選択肢を5つ用意し、児童たちが想像しやすいよう缶ジュース1缶分、バケツ1杯分、などの表現が使われていた。3人の児童が1リットル、7人が500ミリリットル、10人が2リットルと推定した。正解は2リットルであった。

次に、児童たちは世界の人口60億と、毎日1人当たり必要な水の量2リットルをかけることで、毎日地球でどのくらいの水が消費されているかを計算した。児童たちは水には洗濯や料理、農業など他にもあらゆる場面で利用されていることを指摘した。ここにきて教員は、次のような質問を提示した：人間が毎日これだけの量の水を利用していることを踏まえ、その水を処理し、運ぶにはどのようなインフラ設備が必要だろうか。

児童たちは発想を変え、逆から考えることにした。蛇口から出る水から、水処理プラント、ダム、川、山、雨、そして雲へと思考をめぐらせた。授業はここで終わったが、教員は当時の長野知事が県内のダム増築に反対していることについて一言話した。国に水を供給するためにはダムがさらに必要で

あると主張する人もいることを説明し、次回の授業ではこの議論を続けると予告した。

　環境に関する総合的な学習の時間はその後、日本の米の消費量の減少やアフリカの食糧不足の国際問題を児童に考察させる。発展途上国の食糧供給を持続的な農業開発で支援する特定非営利活動法人エーピーエスディ（Asia Pacific Sustainable Development: APSD）も紹介する。教師はさらにコーヒー生産の話から南北の経済格差について触れていく。コーヒー農園で働く人々が最も貧困に悩む一方、コーヒーをパックし、宣伝し、商品化して販売する会社が最も収益を得ている状況を説明する。最後に、地球温暖化や森林伐採など、地球規模の環境問題がもたらす影響を取り上げ、児童の思考を広げていく。児童たち各々にこれらの課題からテーマを1つ選ばせ、自分でより深く調査しクラスで発表することが最終プロジェクトとなる。

3　まとめ

　地域学習は、その地域の人、モノ、環境という資源を明らかにしていく。子どもたちは、実在する人物と、その人の日常生活や仕事場というコンテクストのなかで交流していた。地元の過去と現在を学んでいた。伝統工芸・芸術に触れ、現代の経済活動や自然環境について考え、深刻な環境問題を解決する方法を考察していた

注
1　国立教育政策研究所教育課程研究センター（NIER）『総合的な学習の時間　実践事例集（小学校編）』（東京：東洋館出版社、2003）89-90頁。
2　グリーンマップについては次の日本語サイトを参照：http://www.greenmap.org/greenhouse/ja/gl_welcome/jp_welcome
3　Ibid.
4　http://www.apsd.or.jp/new/index.html

第3章 総合的な学習の時間の人権教育的アプローチ

　人権は世界中のマイノリティ・グループの要求を現実化する世界共通の合言葉であろう。人権により、多元・多文化を基礎に置く教育方針と政策を掲げる、新しい形の国家が設立された。伝統的に自治性を欠いてきた世界中の少数派民族が、教育の方針と政策に対し自治権を主張しているのである（Davies and Guppy, 1997）。1948年の国連の世界人権宣言[1]は、今もなお、マイノリティ・グループが文化的地位の承認と教育や職場における平等を問う際、礎石としている文書である。

　日本は1950年代以来、人権教育の先駆けとなってきた。そのころから、国連の人権宣言とUNESCOの人権教育に対する展望を基礎に、人権教育は日本において全国的な教師・研究家・学者の組織により展開されてきたのである。近年、人権教育の支持者により総合的な学習の時間で与えられた自治性が利用され、日本の教育現場でより人権が課題として取り上げられるようになってきた。

　この章では、マイノリティ・グループである「同和地区出身者」が日本の人権教育運動のなかで、時とともにどのように発展していったのかを説明する。そして、ある重要な日本の教育活動家団体が総合的な学習の時間で与えられた自治性を利用して教育現場において人権教育を促進してきた方法を分析する。

1 差別の「可視」化：日本のマイノリティと人権教育の展開

1）同和地区出身者（部落民）

「部落民」とは、カースト制度に似たマイノリティであり、多くの学者が日本の封建社会の名残であるとしている（Hirasawa, 1989）。研究者によれば、部落民の共同体は徳川時代（1603～1865年）の政令によりつくられた[2]。日本政府の1987年の調べでは、同和地区は全国で4,600ヶ所、出身者は総勢120万人に上る[3]。

えた（穢多）・非人と呼ばれながら、部落民は仏法の思想上不浄とされる牛馬の死体処理、また、なめし革職人として皮革の製造に従事していた。しかし、Suginohara（2002）は、多くの部落民が農業に携わっていた事実を指摘しており、その不浄な職業を差別の起源とするのは誇張解釈であると主張している。

しばしば目に見えない少数派と称されるとおり同和地区出身者は、民族的には日本人であるものの、非情な差別に苦しめられてきた（Shimahara, 1984）。他のマイノリティと同様、教育・婚姻・雇用・住居において差別を受けてきたが、ほかの民族とは違い、同和地区出身者の場合は大多数の日本人と文化的にせよ身体的特徴にせよ、相違が見られない[4]。

部落民解放運動は公式な組織として1922年水平社（リヴェラーズ組織）として結成されたが、1940年の太平洋戦時下に日本帝国政府の弾圧を受け解散した。戦後、活動家たちが復活し、部落解放全国委員会が創設された。1955年には組織名を「解放同盟」（部落解放同盟）に改め、社会的・経済的平等を訴えた。同盟と行政側との苦闘が続くが、同和地区の生活環境改善を目的に1969年、同和対策事業特別措置法が日本政府より制定され、同盟の努力が結ばれることとなった。対策事業には住宅環境、学校教育、社会教育施設、道路、公園等の改善が含まれていた。1969年から2002年の間で、日本全国の同和地区の改善に費やされた額は、中央政府と地方自治体を合わせて14兆円に上った（四国新聞、2002年3月17日）[5]。

第3章　総合的な学習の時間の人権教育的アプローチ　59

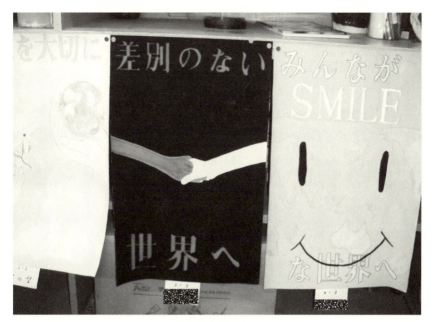

人権教育ポスター

　同和部落の子どもたちの教育水準を高めることは、戦後以来日本教育の主要な課題となっている。文部科学省の統計によれば、1975 年には高等学校に就学した同和地区出身の学生は 87.5％に上り、国の平均である 91.9％との差は狭まれていた。しかし、1975 年以降、その差は依然 4〜5％に止まったままである。さらに、Nabeshima（1995）は 1970 年代以降、同和地区出身者の大学進学率も低下していると指摘している[6]。

　日本政府は、2002 年に同和対策事業特別措置法による同和地区への財政的支援を打ち切った。Suginohara（2002）は、同和地区における行政上の対策は、今日ではもはや必要ないと断言している。これに対し反対意見もある。解放同盟の努力により、同和地区の生活環境は改善されたものの、Shimahara（1984）をはじめとする研究者が主張するとおり、雇用や婚姻問題など、集団内では差別が根強く残っている。また、同和対策事業特別措置法の終結により奨学金が廃止されたため、同和地区の家庭では高等学校・大学進学に再び

悩んでいる[7]。

2）同和教育と全同教

1953年5月6日、同和地区出身の青年たちの教育及び社会的ニーズを訴えるべく、近畿地方（大阪・京都・奈良・兵庫・和歌山）と四国（徳島・高知）の教育活動家たちにより全同教（全国同和教育研究協議会・現　全国人権教育研究協議会）が結成された。1995年には日本の47都道府県のうち34の地方に支部が設けられ、年々展開するにつれ、同和地区出身者だけでなく他のマイノリティ・グループの主張にも重点を置くようになってきた[8]。

全同教は、同和教育を同和地区出身者に対する差別を根絶する活動として捉え（Hirasawa, 1989）、3つの目標が掲げられている（Akashi, 1995）：

1　同和地区に対する差別の歴史と本質の理解を深める
2　子どもたちが差別の根絶を重要な課題とするよう、正しい認識と感性を育む
3　社会で差別に対して立ち向かえるよう、思いやりにあふれた協力的な連帯感を養う

その都度課題に応じた対応をとってきた同和教育の重要性は時とともに増していった。1950年に主要な課題となったのは、同和地区の子どもたちに教育を受けさせる義務の不履行であった。この間、同和教育者たちは同和地区を訪問し、保護者に子どもたちを学校に通わせるよう奨励していった。1960年代に入ると生徒の出席率は上がり、今度は同和地区の学校及び公共サービスの改善に焦点が移った。国の補助的財源により、地方自治体は様々なインフラ計画を行い、教育施設の改善や教員の増加が図られた。

1970年代からは学校と教育課程の改善に注目された。同和地区の子どもたちの出席率は劇的な増加を見せたものの、誤った指導がしばしば見受けられ、Nabeshima（1995）によれば体罰や叱責など、伝統的な懲戒処分により、同和

地区における教師や学校への不信感が募ったという。良識ある同和教育者はこのような態度の根源は疎外感・貧困・差別にあると判断した。学校は放課後に同和地区への補助事業を促進し、教育への信頼感と同和地区の子どもたちの学力向上に努めるようになった。

学校改革は 80 年代にも続く。人権闘争の仲介役として各種部落解放研究会が結成された（Ikeda, 2001）。道徳教育の一環として『人間』など、同和地区出身者の苦闘を描いた話を掲載した教科書が発行される[9]。これに加え、多くの学校が同和地区の住人を教室に招き、過去の苦闘や将来の課題を生徒たちに語ってもらっている。

1990 年代から今日に至るまで同和教育者の理念は、世界中のマイノリティの民族的・文化的権利を考慮した国際連合子どもの権利宣言（1959 年採択）や人権教育のための国連 10 年（1995〜2004 年）を基調としてきた。今日大阪では同和教育運動から生まれた人権運動が、あらゆる差別を対象とするまでに拡大してきている[10]。大阪の大都市で展開された解放同盟の行政へのあくなき戦いと同和教育運動は、市をアジア太平洋地域全体における人権教育の先駆者へとその地位を高めたのである。

日本の人権教育は同和地区の子どもたちの学校・日本社会での活躍を可能にするための取り組みとして始まった。過去 50 年間にわたり、小さな地域運動から始まった人権教育は、研究機関、教師の研究会、そして教育分野の学者からなる全国的なネットワークへと展開していったのである。研究・活動・地域や全国規模の会議を通し、今もなお、人権（同和）教育者たちは国籍や民族に関係なく、日本の学校に通うすべての子どもたちの権利のために奮闘している。

2　総合的な学習の時間における人権教育的アプローチ

総合的な学習の時間は、日本の教育現場における人権教育の範囲を広げ、深める「学習の空間」を提供してきた。このアプローチに対し、学者は学術

図書を通して強化を図り[11]、研究機関は人権に焦点を当てた総合的な学習の時間の授業の特集を出版してきた。さらに、全同教や日教組等の組織団体を通し、教師は同僚と人権を基礎とした総合的学習の授業計画や経験の共有を行っている（荒川・児玉、2002）。全国（全同教）[12]か地域（日教組）[13]にかかわらず、会議で教師たちが挙げたテーマは、収容施設における青少年の教育問題[14]から平和研究、マイノリティ民族の教育と、幅広い。

　大阪地域の教師たちは依然として人権教育の第一人者であり、総合的な学習の時間はそのアプローチ方法を反映している。授業観察を行った大阪府の21校のうち、18校が人権教育を基調とした要素を総合的な学習の時間に導入していた。しかし、このアプローチは大阪地域に限られたものではない。川崎市の何校かでも、人権教育的アプローチの総合的な学習の時間が導入されていた。

　以下、日本人教師が人権教育的アプローチにより総合的な学習の時間をいかに創り、実施しているかの分析をする。すべてを網羅しているわけではないが、以下の事例から、教師が総合的学習を通して生徒と人権問題を結びつけようとする様子が概観できるはずである。本章では、1）いじめ問題、2）いのちの教育、そして社会的正義と平等の問題を取り上げた3）同和問題、4）障がい者、5）ホームレスをテーマとした授業を分析する。

1）いじめ問題：日本社会のいじめ・人権侵害

　1980年代以来、日本の学校におけるいじめ問題は教師の課題となってきた。文部科学省によれば、いじめは1995年に報告された6万件をピークに、2003年には2万3千件と、減少傾向にあるという（文部科学省、2005）。日本におけるいじめの原因は完全には解明されていないが、多くの場合、周りとは一風変わった生徒が嫌がらせや冷やかしの対象となるようである。たとえば、生徒にとって日本で転校することはトラウマ的な体験であり、しばしば父親のみが家族を置いて単身赴任するほどである。さらに、日本の学校文化は日本社会の階層化社会、いわゆるタテ社会を反映している（中根、1967）。

第3章 総合的な学習の時間の人権教育的アプローチ　63

いじめ防止ポスター

　これは、日本の学校で最も強力に君臨する仲間関係である先輩・後輩関係――先輩が支配的な立場に立つ、特にスポーツの部活に顕著に見られる。これらは推測に過ぎないが、いじめが日本の教育者たちの懸念事項であり続けてきたことに変わりはなく、人権問題として総合的な学習の時間に即座に導入されたのである。
　1999年、小森美登里氏は、いじめの犠牲者であり、自ら命を絶った令嬢を追悼して、ジェントルハートプロジェクト[15]を立ち上げた。ジェントルハートプロジェクトは、自殺を含め、日本の学校や社会にあるありとあらゆる暴力の根絶に取り組む特定非営利活動法人である。当プロジェクトではいじめを卑劣な行為と見なしている。いじめの結果、優しい心を持ち、決して他人を傷つけられない子どもたちが次々と死へ追いつめられているのだという。当プロジェクトが配布している公共情報用のパンフレットには、いじめとは、ときに悲惨な死を招く社会全体の悲劇であると表現されている。小森氏は、

いじめを小さな戦争と説明している。氏はさらにこう綴っている：

「平和」とは単に戦争がないというだけでなく、「一人ひとりが輝き人権が大切にされている」社会を指すのではないでしょうか？子ども達を苦しめる「いじめ」をこのまま放置しておくことはできません。今、子ども達が悲鳴をあげています。子ども達の心と体が、血を流し続けています。引きこもりの100万人、不登校の13万人、そして10代の子供たちが犯す残酷な事件の背景には、必ずと言っていいほど「いじめ」が潜んでいます。私達、ジェントルハートプロジェクトは一人ひとりの生命が、真から大切にされる社会を夢見ています。その夢を叶えるために、「いじめ」のない社会の実現に向けて、心と命の尊さを、展示、講演、学習活動を通して伝えて行きます。(特定非営利活動法人ジェントルハートプロジェクト『いじめ社会の中の子どもたち』パンフレットより抜粋)

日本全国の教師から、ジェントルハートプロジェクトへ依頼がきている。小森氏はいじめの被害についてあらゆる年齢層の生徒と対話するため全国を回り、いじめの加害者にも被害者にもならない方法を生徒たちに教えている。2005年2月、神奈川県川崎市のG小学校にて、小森氏が5年生を対象にいじめについて語っているところを視察した。多くの友人に囲まれた幸せな子どもだったと、小森氏は令嬢について多く話した。彼女を失った深い悲しみを込めながら、小森氏は令嬢の最期の日々について詳細に語った。小森氏は写真を見せながら、いじめの犠牲者となり、自殺していった他の日本人生徒についても話をした。彼女は生徒たちに、他人からの心無い言葉に苦しんだときのこと、また逆に、相手を傷つけるような言葉をいってしまったときのことを思い出させ、書き出してもらった。生徒の意見に触れながら、「そのときそのときで人は皆、他人からの心無い言葉の犠牲者となりうること、そして何より、多くの場合そのことに私たち自身が気づかずに人を傷つける言葉を発している」と小森氏は説明していった。生徒の感想文には、この取り

組みを通し、いじめは身体的なものだけではなく、実際には言葉によるものが多いことに気づかされたと書かれていた[16]。小森氏は最後に、1）どんなときも人の心を傷つけることは許されないこと、2）他の人と違っていてもよいということ、の2点を生徒が覚えていてくれれば幸いであると述べ、講義を終えた。

総合的な学習の時間にいじめ問題を人権教育的アプローチで導入していることは、教師が問題を人権問題として捉えている証拠である。この5年生のクラスの担任は、生徒間の繋がりが人権の基盤をつくり、個々の人間の相違を認識し、尊ぶ第一歩であると感じたという。彼の感想は、人権教育を基調とした総合的な学習の時間にいじめ問題を取り上げる意味を強調している――それは、あらゆる人権の認識と尊重へ向かう旅路の起点なのである。

2）人権は自尊心から始まる・いのちの教育

相違を受け入れる寛容の心は自尊心から始まる。教育者たちがいうように、自尊心や自信がない生徒は他人に対して暴力的に突っかかる。さらに、いじめられる方の生徒たちは多くの場合、何らかの形で周りとは一線を欠く――肥満児の生徒もいれば、学業不振な生徒、スポーツが苦手な生徒、民族的マイノリティの生徒もいる。マイノリティの立場に立つ彼らは、学校や社会に限界を感じ、それが転じて学校での動機や努力に悪影響を来しているのかもしれない。

このような状況が、同和地区の子どもたちの間で続いている。視察訪問した小中学校の何校かは、この負の傾向に立ち向かおうと、いのちの教育を人権教育基調の総合的な学習の時間に導入し、今一度生徒たちが自分を尊重し、未来に希望を見出せるよう、力を添えている。

大阪府高槻市のH中学校は、そのような学校の一つである。伝統的な同和地区に位置するこの学校では、生徒たちが自尊心を欠き、将来に対し希望を失くしかけていた――そのことに気づいた教師が総合的学習の一部を活用し、この問題と向き合うことにしたのである。同校のある教師が綴っていた

ように、この生徒たちの心に潜む「同和地区出身」という烙印は、彼らの学校や生活上の態度にも表れており、それを乗り越えることが最優先するべき問題なのである。さらに、同校では人を傷つける言葉や行動が生徒の間であまりにも日常化していることにも触れ、自己肯定感と自尊心が確立されない限りは、他者の考えや気持ちを尊重できないだろうと、その教師は語った[17]。

1999年、生徒の自尊心と将来に対する期待度を計るために、H中学校は生徒にアンケートを配った。アンケートの内容は生徒に自己肯定感や将来に対する期待など、多義にわたった。アンケートの結果から、基本的な傾向として早期結婚と早期出産、伝統的な性別役割分担の概念、学校生活に対する低い動機、そして平均よりも低い大学進学希望率が見受けられた[18]。

生徒たちの自尊心と将来への活力を懸念し、H中学校ではいのちの教育をカギとした総合的な学習の時間の実施を決定した。保健室の教員・PTA役員・地元の医療専門家との協力体制のもと、同校の教師は、身体・心・ジェンダー問題の教育を基調としたいのちの教育カリキュラムを築き、実施した。

いのちの教育の学習計画は全体としては6つのテーマを内容とし、総合的な学習の時間の12時間を費やすものであった[19]。授業は、生徒たちの自他とものの人格的特徴への理解、自己肯定感の形成、ストレスや異性との付き合い方やコミュニケーション力の向上に焦点を当てていた。また、生徒が家庭や学校での虐待・暴力に気づき、報告をする能力を身につけるCAP（Child Assault Prevention; 子どもへの暴力防止）教育プログラムも取り入れて実践していた。

2004年11月に開催されたH中学校の研究会に参加する機会があった[20]。同校は、市の教育委員会より人権教育の研究校に指定されていた。一般市民も対象とした公開授業が行われた。視察した授業はエイズの問題を扱った授業であった。生徒と教員と共同しながら、保健の専門家は日本と世界のエイズの状況について詳しい概要を提供し、感染を防ぐ方法を生徒たちに教えていった[21]。

中学校に加え、日本の小学校の教員も総合的な学習の時間にいのちの教育

第3章　総合的な学習の時間の人権教育的アプローチ　67

助産師さんの学校訪問：命の教育

を導入する必要性を認識していないわけではない。たとえば、ある教員は「生徒は将来に対する夢を持っていない」と語っていた[22]。いのちの教育の要素を取り入れた総合学習を通し、生徒たちに再び将来に対し夢を抱いてほしいと教師たちは願っていたのである。

東京都大田区立I小学校では、保健担当の教師と6年生を受け持つ教師たちが、いのちの教育を地元病院の医療専門家と共同で行う計画を立て、実施することにした。筆者が授業観察に訪れた日には地元病院から看護師長が出産のスペシャリストとして訪れていた。助手や引退した医者と協力しながら、自分たちの仕事、出産過程、胎児の成長、日本社会の子どもの権利[23]、そしてエイズの流行について語っていた[24]。

2時間の授業のうち、後半1時間は少人数のグループに分かれた生徒たちの輪のなかに、本物そっくりの嬰児の人形を持った看護助手たちが加わった。体重、大きさ、そして首が据わらないといった体格的特徴まで、生まれたての新生児そのものであった。看護師たちは新生児の抱き方を説明し、人形を

生徒たちに回していった。人形の重さに、生徒たちは驚きの表情を見せた。「赤ちゃんはいつから一人で首が据わるようになるのでしょうか」等、質問が飛び交った。

　他の小学校でも、命の教育の授業を訪問観察した。群馬県大泉町のJ小学校では、助産師が用意した体験活動に生徒たちが参加していた。出産についての説明を聞きながら、生徒たちは教室の前に集まり、3ヶ月・6ヶ月・8ヶ月の胎児、そして生まれて間もない嬰児の人形のレプリカを抱いた。胎児のような姿勢で袋のなかに入り、胎児の体験をした生徒もいた。

　総合的な学習の時間に取り込まれたいのちの教育には、自己肯定感を育む教育的機会を与えようという教師の意図があり、将来児童生徒の学校生活や社会における意欲に繋がればという願いが込められている。生徒たちに将来の夢がないという教師の見解を、自己の家庭環境を理由にマイノリティの子どもたちが将来に限界を感じるような社会的不平等の表れであると解釈することもできるだろう。マイノリティである同和地区の生徒が在学するH中学校がその例であろう。しかし、同じくいのちの教育を視察した小学校2校には、それほど多くのマイノリティ・グループの生徒は在籍していなかった。ただ、教師たちには、生徒たちが将来に対し不安を抱いているように見えた。ある教師は、その地域の家庭の経済的地位の低さも、生徒の未来への向上心に影響を与えている一因ではないかと推測していた[25]。

　国際連合の子どもの権利条約には「児童は、身体的及び精神的に未熟であるため、その出生の前後において、適当な法的保護を含む特別な保護及び世話を必要とする」と留意している[26]。日本は子どもたちが発達するための機会と便宜を備えていることは間違いない。しかし、子どもたちが人種・社会的地位・性別を理由に社会で一役を買う機会が限られていると感じているならば、教育者の仕事は生徒たちに不安を乗り越え、その全可能性を開花させる教育的機会を用意することでその悪循環を断ち切ることである。いのちの教育の課程は子どもたちの人権を充足させ、その成長を妨げるような社会的な障害をすべて乗り越えられるよう、後押しをする試みなのである。

以上で説明してきた総合的な学習の時間では、いじめを内容とした生徒間の交流と、いのちの教育を通しての自尊心と人命の価値に焦点を当てたものであった。学年が進むにしたがって、教師は生徒にその探求の幅を広め、学校の壁を越えてより大きい社会的問題に関心を向けさせようとしているのである。

　本章の次の項ではさらに、人権教育的アプローチの総合学習のなかでも、実社会の問題を生徒たちの視野に入れる授業事例を紹介する。教育者たちは総合的な学習の時間を活用して生徒たちになぜ、そしてどのようにして個人の人権が、相違を理由に侵害されているのかを学ぶ機会を与えている。この項では、同和問題や障がい者とホームレスの問題を題材に、教育者たちが生徒にこれらの深刻な社会問題に対し深く考察させ、可能な解決策を考慮させる機会を与えた授業事例を取り上げる。

3）食肉加工工場：封建時代の社会的地位による差別の名残

　日本の食肉加工工場は伝統的に同和地区に置かれてきた。過去 30 年間において状況は劇的に変わってきたものの、いまだに不潔な職業と捉えられており、加工工場は同和地区に位置したまま、多くの同和地区出身者が働く場所となっている。

　この授業の目的は生きる上で必要な栄養である肉製品を提供する仕事が価値あるものだと誇りを抱かせながら、同和問題について学ばせることであった。自主学習と加工工場への社会見学を通し、同和問題という人権問題を生徒たちの身近な日常生活につなげようと努めていた。

　授業の導入部分では、市場競争により経済的困難に直面したものの、食肉加工工場の多くが自由市場での競争に向け、個々のビジネス手法を改革ないし再編成した努力によって苦境に耐え抜いたことを教師が説明した。他の同和地区出身者によるベンチャー投資の助けもあり、同和地区に対する一種の誇りを生むきっかけともなった（大阪府同和教育研究協議会、1999）。

この一連の授業の流れでは、まず肉製品が毎日の生活の一部であることの気づきから、生徒との関係性を明らかにした。肉製品が食卓に着くまでの課程を探るにあたり、生徒たちは食肉加工工場のビデオを観賞し、食肉店・食料品店・食肉生産者組合をインタビューし、地元の食肉加工工場に社会見学へ行った。生徒たちは最終イベントとして、食肉が加工される課程を探る上で、協力してくれたすべての人に向けてのパーティーを企画した。

　このサービスの提供に奮闘する職員の話を通し生徒たちの同和地区に対する偏見を失くすことが、この授業の目的である。1990年代から同和問題へのアプローチが変化し、実際の経験に焦点を当てるようになったことで問題に対し生徒たちが具体的かつ効果的に理解するようになったと、教師は結んだ。

　マイノリティかどうかの如何に問わず、ある団体と特定の職業を結びつけることは本質的にはバイアスであり、偏見の表れであろう。この職業に従事する人々に対する侮辱は、いまだ日本社会に蔓延している。さらに、当該職業に在職する同和地区出身者はいるものの、日本のこの大規模な産業界で働く人々の多くは同和地区出身者ではない。実際には、多くの同和地区出身者が公務員や教師など、食肉産業とは異なる職業に就いている。婚姻や社会的・経済的流動性により、社会的な差別が徐々に薄れていく一方、教育におけるこうした活動がかえってマイノリティである同和地区出身者に対する偏見を強めてしまう可能性もある。教師はそのような点を考慮し、同和地区出身者が社会のあらゆる場面に参加している情報を与えることで授業内容の微調整をする必要があるだろう。

　同和問題の探究は、大阪の大都市では人権教育の基盤となっている。総合的な学習の時間は教師が推進力となり、この根強く残る問題に対し生徒が取り組める場を提供している。同和対策事業特別措置法の打ち切りが象徴しているように、日本社会では同和問題は解決されたという見方が広まっているようである。また、伝統的な同和地区でも、教育の焦点は子どもたちの自尊心と将来に対する自信の向上となっている。前項で紹介した総合的学習におけるいのちの教育は、このようなアプローチの例である。

車椅子バレー

4）障がい者：実経験から実際の成功へ

　障がいは総合的な学習の時間でよく取り上げられるテーマである。ここでは、生徒たちが障がいを乗り越えて充実した人生を勝ち取った人物、また、日本の障がい者の権利のために奮闘する人たちの話を聴いていた。日本社会で障がいを持つ人の苦闘や成功の事例を紹介していく。

　人権問題は大阪府立K高校の総合学習における柱である。この高校では年に2回人権デーを企画し、地元地域の人々を教室に招き、生徒とともに人権について語り合うようにしている。授業観察を行った日には、障がいを持つことの困難と日本における障がい者の人権問題について4人から話があった。以下は、そのうちの2人が話した概要である。

　聴覚障がい者である落合孝幸氏は、ラグビーというスポーツを通して、彼がどのように障がいを乗り越えてきたかを生徒たちに話して聞かせた。中学・高校、そして大学生時代にわたって、氏はラグビー部の部長を務めた。大学

を卒業した後、落合氏は日本の聴覚障がい者のラグビーチームを結成し、ラグビーの世界大会に向け、一役かった。2004年8月、落合氏はニュージーランドで開催された第1回聴覚障害者ラグビー世界大会に参加し、日本チームを第2位へと導いた。氏は現在小売企業で商品の価格動向の分析を担当しており、今でも毎週末にラグビーを楽しんでいるそうである。

生徒たちは落合氏の決意に感動し、次のようなコメントを出している。

> 聴覚障がい者の人が話せるとは思っていなかったので、落合氏の話していることがわかったときびっくりしました。人生多くの困難にぶち当たりながらも、落合氏は笑顔を絶やさず、ラグビーや仕事の話をして下さいました。ラグビークラブを設立し、チームのリーダーとなり、日本と世界にラグビーを広めた決意を聞いて、自分ももっと積極的に学校活動に取り組み、彼のような強い人になろうと思いました。また、大学に行ったら手話を習おうと、触発を受けました。(K高校、校内感想文集、2004年11月25日)。

もう一人の語り手である御前氏からは、ユニバーサルデザインと障害者差別禁止法(Japanese with Disabilities Act: JDA)の話があった。氏は、ユニバーサルデザインとはどんな人でもより簡単に、心地よく製品を利用できるよう設計されたデザインのことであると説明した。コンピューターの主要なキーを識別しやすいよう再設計されたキーボードや、眼鏡をつけた人でも入浴中にシャンプーとリンスの識別ができるよう、シャンプーボトルの側面に付けられたギザギザ状のくぼみ等が例として挙げられた。

御前氏は現在、政府からも考慮されるようになった障害者差別禁止法のキャンペーンに全力を挙げていることを語った。米国障害者法(Americans with Disabilities Act: ADA)同様、障がいのある人を差別した場合、役所や企業は罰金を課されることになる。当法案は、国連の支持を受けているそうである。

生徒たちは、この公演を通して初めてユニバーサルデザインという言葉を

聞いたと感想を寄せていた。ある生徒は、「中学時代から、何度も障がい者の話を聞いてきました。障がい者を差別してはいけないと言われ続けてきました。しかし、今日初めて、障がい者を特別扱いすることも、差別に繋がるのだと気がつきました」と述べていた。他にも、近い将来、障害者差別禁止法の立法を聞いたとき御前氏の努力に感謝するだろうという声も寄せられていた。

　ここ数十年間、障がい者の運動は日本で推進されてきたものの、課題は依然として残っている。Itayama（2002）によれば、日本の障がいを持つ当事者が「表に出て」、以前よりも社会の目・耳に触れる機会は増加した。ただ、障がい者の問題を国会が取り上げ、改善策を施すものの、アメリカの ADA などと異なり、障がい者の「権利性」は依然と乏しく、公共施設における平等な利用権・社会的公正の申し立てに関し、法的手段に欠けるようである（Itayama, 2002）。教育においても、不平等な状況が続いている。義務教育が法のもとで保障されているにもかかわらず[27]、あまりに多くの運動障がい・知的障がい・健康障がいを持った青年が、同等の高校教育を受けることができていない（Mogi, 1994）。障がい者に関する学習内容を総合的な学習の時間に導入することは、生徒たちに日本における障がい者の問題に関心を持たせ、その社会的参画を実現する法制定や態度の形成の橋渡しを担う。

5）家と呼べる場所がない：日本のホームレス問題

　ホームレス問題は日本にとって新しい問題ではない。東京の上野公園のテント設営地にいけば、ホームレスたちが目に入るはずである。ボランティア参加者によれば、ホームレスのほとんどは 50 代無職であり、社会的に不安定な立場に立たされていても 62 歳になるまで政府より年金を受け取れないという。リサイクル用の缶を拾う仕事で収入を得る人が多く、路上で缶をいっぱいにしたカートを運ぶホームレスの姿が東京の朝早くから目立つ。英国紙 Guardian（2003 年 6 月 20 日）によれば、日本国内には 7 年前の倍になる 2 万 5 千人のホームレスがいると推定している。

ある高校では、総合的な学習の時間にホームレス問題を取り上げている。ある教師は、「若者がホームレスを襲い、段ボールでできた家を燃やし、石を投げかける一連の報道を目の当たりにしたことが、ホームレスの問題を総合的学習の時間で取り上げる起因となった」と語っていた。この授業から、生徒たちがホームレスも自分たちと同じ人間であること、そしてホームレス問題は個人ではなく、実は社会的な問題なのだということに気づいてもらいたいと、その教師は願っていた（高校総合学習プロジェクトおおさか、2002 年）。

　5 回の授業を通し、教師はホームレスに関するメディアの画像や新聞記事、ホームレスの人が書いた自伝、インタビュー、ホームレス施設への訪問、そして自分たちの学校にホームレスの女性を招くことによって、当該問題を生徒たちの身近な問題にしていった。

　この経験を振り返りながら、教師は生徒とホームレスの人との直接的な交流と対話が大切であると痛感したという。この交流を通し、ホームレス状態は珍しいものではないと生徒たちは気づいたようである。ホームレスの問題は今では同校の総合的な学習の時間で繰り返し扱われるテーマとなっている。定期的にホームレスの人が教室を訪れ、生徒たちはホームレス支援センターやホームレス施設へ見学に行っている。

　大阪府 L 高校のホームレス施設への訪問にも、生徒とともに同行した。施設の所長は、「当初地域住民からの激しい反対があったものの、毎週コーヒーやお茶会を設けるなど、地域への働き掛けをしていくうちに住民からの理解を得られ、施設を受け入れてくれるまでになった」と生徒たちに聞かせた。施設では再訓練をするプログラムを設けているものの、居住者のほとんどは 50 代であり、62 歳からは年金を受けることになる。その結果、居住者の多くは缶拾いや労働作業等、単純労働で収入を得ているものの、就職に向け再訓練を受ける意欲に欠けているという。

　The Wall Street Journal（2003 年 6 月 18 日）によれば、日本のホームレス問題はアメリカに比べれば深刻ではないものの、2000 年になるまで日本政府は問題に対し公的援助を施してこなかったという。2003 年、政府は援助金を増加

ホームレス施設の訪問

し、大阪や他の大都市に施設を建てたが、十分といえるほどの支援には至っていない。さらに、アメリカなどで見られる教会等のNGO団体によるホームレスへのスープの配当などは、日本では一般的ではない。日本政府は2002年に、ホームレスの自立支援等に関する特別措置法を成立したが、当該法の示す再訓練は働けない者を排除しており、地方自治体にホームレスを公共施設から法的に強制退去させる権限を与えていると批判されている（厚生労働省、2002）。

3 まとめ

　人権教育的アプローチの総合的な学習の時間は、社会的不平等と不正により生まれた現代の社会問題と生徒との間を橋渡しする教師の姿を現している。いじめ問題は生徒の寛容の心の欠如を反映していた。ひとりクラスからはじかれ、周りとは違うと愚弄され、自殺に追い込まれる生徒もいる。ジェント

ルハートプロジェクトは、日本の学校・社会からいじめを根絶するために活動している。小森氏の全国の学校での公演予定は、教師たちがいじめを人権問題として捉え、総合的な学習の時間で与えられた自由を活用して本内容を取りいれていることを物語っている。

同和地区出身者に対する歴史的な社会的差別の蓄積は、いまだに影を残している。状況が進展していることは確かであるものの、教師の目には同和地区の子どもたちが自信を欠いているように映る——教師はいのちの教育を通して一人ひとりがその人ならではの特別なものを持っていることに気づかせ、努力と自信さえあれば学校でも日本社会でも活躍できると励ましている。

教師たちはまた、同和地区出身・障がい者・ホームレスが直面している平等性の問題も、生徒が取り組む内容の一つとして取り上げている。それぞれ団体で組織化し、日本社会を変えるための法制度を提唱し、功績を収めてきたものの、課題は残っている。同和問題は、遠い記憶として薄れていく危機と直面し、障がい者は自分たちの権利を保護する法的手段のために戦い、ホームレスは政府からの支援と社会からの理解を得るために悪戦苦闘している。社会的平等と公正の問題を導入していることから、総合学習の内容として人権問題を最優先化することが教師の義務と化していることがうかがえる。生徒の身近な社会環境に焦点を当てることは、生徒が地域社会・国家・世界へと社会的ネットワークを広げるなかで必要となってくる寛容性や協調性といった社会的能力を備える機会となりうる。

グローバル化により人権問題が前面に出され、世界中のマイノリティ民族・文化がその民族的伝統を教育方針と実践に反映するよう提唱している——時間の経過とともにこれがどのような過程をたどるのか——日本における人権教育の改革はその具体例となる。日本の人権活動家は日本政府に圧力をかけ、同和地区における改善を図る立法化の成功を促すことができた。同和教育者たちは同和地区の子どもたちの通学を奨励し、結果、重大な問題は残るものの、同和地区出身者は社会的平等に向け大きく前進することができた。日本の教育者は今、人権教育を導入した総合的な学習の時間を通して、いじめや

ホームレス・障がい者の人権を含め、様々な社会問題に生徒たちを取り組ませている。他の社会でマイノリティ・グループの人権が争われているなか、日本の人権教育は価値的なモデルを示しているといえよう。これらのグループが電子メディアやコミュニケーションを通して情報にアクセスできるようになったこと、それがグローバリゼーションの意味するところなのである。裏を返せば、グローバリゼーションにより日本の総合的な学習の時間が例示する人権教育は、法のもとで民族的平等権と承認を得ようと努める他国の教育者たちがモデルとして有効的に活用できるのである。

注

1 　世界人権宣言の日本語訳は以下を参照：http://www.ohchr.org/EN/UDHR/Documents/UDHR_Translations/jpn.pdf
2 　戦国時代がおわり徳川政権の中央集権化が進むにつれ、初期の幕府は武士・農民・職人・商人の4身分を基本とする社会制度を確立していった。賤民はこの枠外に設けられた最も低い身分階級であった。Suginohara (2002) によれば、圧政に苦しむ農民階級の不満を和らげ、幕府への反逆を防止するためにこの下位層をつくった。詳細は次の文献を参照：Juichi Suginohara, *Today's Buraku Problem: Feudalistic Status Discrimination in Japan* (Kyoto: The Institute of the Buraku Problem, 2002): 17-18.
3 　一般社団法人部落解放・人権研究所も推測で 6,000 の同和地区で 300 万人が生活していると述べている。詳細は次の文献を参照：Yasumasa Hirasawa, Yoshiro Nabeshima, and Minoru Mori, *Dowa Education: Educational Challenge Toward a Discrimination-free Japan* (Osaka: Buraku Liberation Research Institute, 1995).
4 　同和地区出身者に対する差別の多くは婚約者の家族や職場の関係者が本籍を確認することで本人の家庭事情が判明したときに起きる。運動家の働きかけで政府が戸籍の閲覧を制限する大規模な改正が行われたのは 1976 年であった。しかし今日でも全国の同和地区をリスト化した調査資料がひそかに販売されており、身元調査に使用し差別をする個人や企業も存在する。
5 　例として、和歌山県は同和地区をそのまま移動させた件、神戸市が 4,741 軒の市営住宅を設置した件が挙げられる。道路の舗装や公園の設置も行政で行われた。これらの環境の変化は学校の環境設備の改良や教員の増員にも繋がった。Suginohara (2000): 157.
6 　たとえば、広島県の統計によれば、1970 年代までは同和地区出身者の大学進学率は全国平均よりも遥かに低かった。しかし、1980 年代半ばになるとその差も縮まり始めた（同和出身者が 23％であるのに対し、出身者でない生徒は 40％）。ただ、依然として差があるのも事実である。詳細は次の資料を参照：Nabeshima (1995): 29.

7 2003年3月に刊行された英文ニュース Buraku Liberation News では、同和対策事業特別措置法の終結とその延長がない実態を特集している。当ニュースによれば、同和地区に在住する世帯に特別措置法の奨学金をどのように使用するかアンケート調査を行ったところ、56.4% が高校進学の資金に、53.6% 大学資金に使用すると答えた。もし特別奨学金が設けられていなかった場合、51.6% の世帯が「進路先を変えざるをえなかった」、19.4% が「費用が高い私立の高校には通わせられなかった」と答えた。大学生を持つ世帯も同様の質問に対し、61.3% が「進路先を変えざるをえなかった」、27% が「大学を諦めてもらうよう説得した」と回答した。

8 たとえば在日韓国人がこれに当たる。詳細は次の資料を参照：Ichiro Akashi, "Zendo-kyo and Others: Teachers' Commitment to Dowa Education," in *Dowa Education: Educational Challenge Toward a Dicrimination-free Japan*. Eds. Yasumasa Hirasawa, Yoshiro Nabeshima, and Minoru Mori (Osaka: Buraku Liberation Research Institute, 1995).

9 道徳教育はカリキュラムの一部であり、各学校は教科書を選定できる。

10 最近では「同和教育」に変わり「人権教育」が推進されている。同和教育は基本的には同和地区に対する差別撤廃を意図している。しかし、日本のそのほかのマイノリティやジェンダーに関わる問題なども含めた「人権教育」がより適切とされるようになってきている。

11 具体的な事例は次の文献を参照：長尾（1999）。

12 2004年11月に、筆者は大阪で開催された全同教の年次会議に出席した。会議では教師同士が、総合的な学習の時間で実施できる様々な人権教育活動を共有し合った。

13 筆者は2004年10月16日に開催された、総合的な学習の時間に関する日教組の地域会議に出席した。

14 たとえば、大阪の小学校では、総合的な学習の時間に実施する人権教育の一環として児童養護施設の子どもたちに焦点を当てる。

15 http://www.gentle-h.net

16 クラスの担任教師が回収した匿名アンケートより抜粋。

17 インタビュー、2004年11月。

18 20代前半で結婚したいと答えた女子生徒は約80%、25歳前に子どもが欲しいと答えた生徒は男女合わせた全体の60%強、配偶者に家事をしてほしいと答えた男子生徒が30%弱であったのに対し外で働いてほしいと答えた者は2.5%に留まった。と答えた。さらに、男子生徒の35%が自分のことが好きだと答えている一方、自分の学校での成績が平均以上だと思っている男子は20%であることが調査によって判明した。地域外の学校平均約60%とは対照的である。また、40%を超える生徒が学業にあまり励んでいないと答えていた。進路については約45%の男子生徒（女子生徒の場合は37%）が高卒学歴を希望したが、大学レベルの教育を望むものは男子生徒で27%、女子生徒で23%となった。H Junior High School, Paper presented at H Junior High School District Research Meeting. Osaka Prefecture, Japan, November 3-4. 2004. H 中学校、学区教研集会に提出された内部文章、2004年11月3－4日。

19 本研究を行った当時、中学校における総合的な学習の時間は年間40時間から70

時間であった。実際にどのくらいの時間を当てるのかは各学校の裁量で決めていた。
20　研究会は授業参観から始まり、ディスカッションセッションと外部の教育者や保護者の質問に答えるフォーラムも開催された。最後は参加者全員が体育館に集合したところで、教育委員会が挨拶に立った。総合的な学習の時間における人権教育に関する説明があり、大学教授による講義も設けられた。
21　授業はまず、子どもたちが班別でクイズと答えを用意するところから始まった。HIV に感染する方法、しない方法を説明し、HIV に関する誤った認識を正していった。続いて、地元の病院から派遣された看護師が教壇に立った。看護師は、AIDS 患者が日本で増加している実情を話し、性行為をした相手がたった一人であっても、その相手が前に別の人と性行為したことがあれば、不特定多数と間接的に接することになることを説明した。
22　東京都の小学校教員とのインタビュー：2003 年 6 月
23　看護師長は中国の一人っ子政策に触れ、第 2 子以降は出生登録をしない家庭が多く、公的サービスが付与されない状態にある子どもたちがいることを強調した。政府が個人を掌握し、社会保障が受けられる日本に生まれたことに感謝しよう、と子どもたちに呼びかけた。
24　看護師は HIV／AIDS による死者は過去 10 年で 3 倍になり、2004 年には 350 人にも及んだと説明した。
25　インタビュー：2003 年 6 月。
26　http://www.unhchr.ch/html/menu3/b/25.htm
27　日本の義務教育は中学校までであり、高等学校は義務教育に含まれていない。

第4章 総合的な学習の時間の多文化共生的アプローチ

1 日本における多文化間教育の出現

　日本国内の外国人コミュニティが増え続け、生徒たちが探究する地域社会の範囲が広まるなか、外国人や異文化と出会うようになった。序論でも述べたとおり、高齢化と少子化が進むにしたがって、外国人労働者の数は劇的に増加してきた。1990年代以来、移民に関する法の改定は日系外国人にとって好ましい状況を作りだした。多くの日系ブラジル人がこの機会を利用し、今では日本で3番目に大きいマイノリティ・グループを構成している。

　しかし、日本における外国人の存在は新しいものではない。第二次世界大戦以来、朝鮮・韓国人は日本に居住し働き、戦後も多くが国内に残った。沖縄の人は仕事を求めて島から東京や大阪の大都市へと移って来た。第二次世界大戦後の混乱期に孤児となった中国残留邦人も多く、彼らは日本に戻り政府から金銭的支援を受けた。またインドシナ難民は日本で安全な避難所を見出した。

　マイノリティ・グループの出現は日本の教育方針や実践に多大な影響を及ぼした。このグループの子どもたちは外国語や異文化を日本の教育環境に持ち込み、これまで国民性と民族性を同一視してきた日本の学校教育に大きな挑戦を突きつけたのである。

　序論でも述べたとおり、異文化間教育学会（International Education Society of Japan: IESJ）は、国内の学校における多文化共生の影響に関心を寄せる学者や教師で組織化された国内最大の協会である。「異文化間教育」は、日本の教

育用語として認識されてきた。当分野の専門家も徐々に現れてきている。比較教育学・教育社会学・教育心理学・人類学・外国語研究・日本語研究と、実に様々な分野からの研究者が集い始めているのである。日本における異文化間教育は、政治や政策といったマクロ的な問題からアイデンティティ的・理論的・実践的なミクロな問題を検討してきた（江淵、1997）。日本における異文化間教育は、1) 外国に暮らす日本人生徒、2) 帰国子女[1]、3) 外国人留学生、4) 日本人留学生等を研究内容としてきた。近年の研究は、生徒数が増え、そのニーズに応える行動が要請されていることから、日本に在学する外国籍の子どもの教育に焦点が移行してきている。

　異文化間は「異なる文化の間」と書く。言い換えれば、異なる文化の交流を意味するのである。近年、「異文化間」とともに「多文化間」という用語も日本の学者の間で併用されている。「異」（異なる）とは違い、「多」という漢字は数や量があることを表している。微妙ではあるが、重要な違いである。英語 multicultural は「多」文化を意味するため、多文化間教育により近い表現であろう。しかし、日本の教育界では異文化間教育のほうが学者や教育者の間で多用されている。

　日本人学者は様々な「異文化間教育」の定義を打ち出してきた。小林は「異なった文化の交流・接触によって生じる教育実践や諸問題を包括的に表現するもの」（小林、1987: 31）であると定義している。江淵は、「異文化との交流を契機として、あるいは異文化との接触と交互作用が恒常的条件のもとで展開する、人間形成にかかわる文化的過程」（江淵、1993: 14）が異文化間教育であると称している。また、江淵（1993）は異文化間教育と国際理解教育を分けて考えている。国際理解教育の場合は、国家が主体であり、文化を構成する基盤であることが前提である。一方、多文化国家では多くの文化が受け入れられるため、統一した文化は想定されにくい。多文化国家における教育の基礎を成すのは、国家ではなくむしろ文化なのである。異文化間教育は主に、文化的マイノリティの適応や教育的・社会的問題について研究する。しかし、江淵（1993）は異文化間教育においては国家の存在を、また、国際

理解教育においては文化を無視しないよう、指摘している。

　どちらの定義も、異文化間教育は文化的適応と調整を経て、何らかの形で多文化共生を生み出すとしている。しかし、当該教育がどのような経過を経てこのような文化的適応を育むのかは定かではない。多文化共生の教育を通して国内の文化が変化する過程に対し、日本の学者はいくつかの仮説を立てている（佐藤、1999b）。佐藤は、マイノリティの子どもたちがホスト文化を受容、または拒絶する度合いを測る基準としてベリーら（1997, cited as 佐藤、1999b）のモデルを参考にしている。

　1　統合（Integration）：文化的アイデンティティとその特徴が保持されたまま、かつ異文化の集団との関係も保持たれている状態
　2　同化（Assimilation）：文化的アイデンティティとその特徴は保持されていないが、異文化の集団との関係は保たれている状態
　3　離脱（Separation）：文化的アイデンティティとその特徴はそのまま保たれているが、異文化の集団との関係は保持されていない状態
　4　境界化（Marginalization）：文化的アイデンティティとその特徴は保たれていない、かつ異文化の集団との関係性も保たれていない状態

（佐藤、1999b）

　どの国家の移民集団も、このような過程を通して支配的文化に適応する。ベリーら（1997、cited as 佐藤、1999b）の描く文化統合の筋書きでは、移民集団が自己の文化的アイデンティティを維持しながらも、支配的文化に統合されることが期待されている。

　しかし、離脱・境界化に比べ、移民団体が統合できる可能性はホスト国の機関、特に教育に大きく依存する（佐藤、1999a）。佐藤・林（1998）は、異文化との接触や交流を通して変わる文化モデルとして、以下のようなものを示している。

1　A/B ＝ A：異質な文化を持つ個人や集団がマジョリティの文化に組み込まれ、同化されていく状態
2　A/B ＝ A/B：異質な文化を尊重はするものの社会的変容は許さず、マジョリティの伝統的な文化が固定されたままの状態
3　A/B=C：マジョリティ文化と異質な文化とともに混ざり合い、新しい文化が生み出されていく状態
（A＝マジョリティの文化。B＝異質な文化）

（佐藤・林、1998）

　佐藤（1999）は、多文化主義の理想形態は3つ目のタイプであるという。しかし、文化は国家の構造に縛られているという佐藤（1999）の指摘ももっともであり、一国の文化が完全に改革されることは稀であるといえよう。異質な文化を多少組み込むも、マジョリティ文化の根本的な側面が維持される（主要な）文化 A' が成立する場合が最も多いだろう（江淵、1997）。

　要約すると、異文化間教育の目標の一つは、「国家主義」を改造・再構築し、「多文化主義」を実現することである。江淵（1997）はこれを文化プロセスと教育形態として説明している。すなわち、学習計画、学習内容、そして指導・学習の導入といった教育形態が、多文化共生の態度を育む文化プロセスなのである。

　総合的な学習の時間は、教師たちにとって異文化間教育への探求を拡大する特別な機会となった。日本人の生徒は自分たちの地域社会と国中にある無数の文化について学んでいる。在日外国人や非営利団体が教室を訪れ、韓国・朝鮮、南米（ブラジル、ペルー）、中国、東南アジア（カンボジア、ベトナム）の伝統芸術や民話、音楽、伝統衣装、言語等を日本人生徒たちに紹介している。唄・踊り・劇を通し、生徒たちが地域社会にある文化の多様性を祝う行事が開催されている。中学校では、過去における日本からの移住と現在における日本への移民について生徒たちに探求させている。

　次の節では、特に韓国・朝鮮、ブラジル、そしてインドシナ難民と中国残

留邦人[2]のコミュニティで形成された、多様な民族を交えた総合的学習の活動を紹介する。各節、まずはそれぞれのコミュニティがどのような過程を経て、日本社会で現在どのような立場に立たされているのかについて簡潔な概要を載せる。

2 差別の可視化：日本のマイノリティと人権教育の展開

1）在日コリアン：同化か分化か

a）序　論

　本研究で調査を行った当時、日本の在留韓国・朝鮮人は 613,791 人に上り、在留外国人の人口に占める割合は 32.1% であった[3]（海外交流審議会、2004）。しかし、日本の市民権を取得したことから在日外国人としては数えられていない朝鮮・韓国人が約 20 万人いると考えられている（Fukuoka, 2000）。

　日本に在留する韓国・朝鮮人は在日コリアンと呼ばれている。この呼び方から、日本に在留する韓国・朝鮮人の立場について興味深い 2 つの事実が浮かび上がってくる。「在日」という言葉は、日本での一時的な移住を意味する。多くの在日コリアンの子どもが日本で生まれ育てられ、3 世、4 世、ときには 5 世までもが日本の学校に通い、言語的にも文化的にも韓国よりも日本に近いにもかかわらず、この言葉からその事実は明るみに出ない。

　また、もう一つの特徴として、「在日韓国・朝鮮人」というワードに韓国と朝鮮の両方が含まれている点は興味深い。朝鮮・韓国はそれぞれ朝鮮半島の北部と南部を指す。そのほとんどが南部出身にもかかわらず、政治的な理由から、在日コリアンの多くが韓国あるいは北朝鮮の政治を代表する団体に所属してきた。北朝鮮人は朝鮮総連に、韓国人は民闘連（または民団）に加入している。学者によれば、北朝鮮・韓国の団体に所属する在日コリアンの数は、韓国側に 35 万人、北朝鮮側に 25 万人だという[4]。

　様々な強制的、あるいは自発的な理由から韓国・朝鮮人は来日してきた。朝鮮半島が植民地として日本の統治下に置かれていた時代、多くの韓国・朝

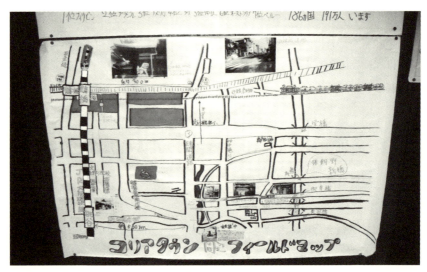

コリアンタウンフィールドマップ

鮮人が労働者として日本に強制連行されてきた。1938年には80万人もの韓国・朝鮮人が日本に在住するようになり、終戦時（1945年）には230万にも上ったと考えられている。彼らの大半が1945年の終戦時に母国へ帰国したものの、約60万人は日本に残ったままであったという。

戦後まもなく、韓国・朝鮮人は日本に自分たちの民族学校を設立した。1946年には525校の韓国・朝鮮学校が設立されていたが、1948年文部省は在日コリアンの子どもたちに、日本の学校への就学義務を通達した（Ryang, 2000; 1997）。1955年朝鮮総連は（私立校として）学校を再建し、1993年の時点では約150の朝鮮人学校に2万人の生徒が通うようになった[5]。日本に在住する朝鮮・韓国籍の学齢児童の大半（13万人）は日本の公立学校に登校している。

韓国・朝鮮人は、日本の学校や社会で苦しんできた同和地区の子どもたちと同じような境遇に見舞われている。1960年代から70年代、大阪地域の同和教育者らは多くの朝鮮・韓国籍の児童が不就学になっていることに気がついた。部落解放運動から刺激を受け、兵庫県と大阪市の教育者を中心に当児

童たちを援助する取り組みが開始された。同和教育者らは朝鮮・韓国籍の児童たちに自己の文化的アイデンティティを再確認すること、韓国・朝鮮名を名乗ること、また、朝鮮・韓国文化クラブに参加することによって自分たちの文化に対する意識を高めるよう呼びかけた。しかし、こうした教育者たちの努力の甲斐もなく、多くの朝鮮・韓国籍の生徒はこうした文化活動への参加に対し消極的、ないし拒絶的な反応を示した。程なくして、教育者たちはこのような躊躇が、決して意思の欠如に起因するものではなく、むしろ日本の学校や社会で韓国・朝鮮人の子どもが感じている偏見や差別からくるものであることに気がついた（中島、1988）。

中島によれば、過去30年間で日本の教育界は韓国・朝鮮人生徒たちの伝統を理解し、称賛する努力を重ね、著しい進歩を遂げてきた。これは、韓国・朝鮮の文化に対する認識を高める運動に大役をかった同和教育者たちの尽力なくしてはできなかったことであろう。現在、日本全国において韓国・朝鮮の文化を称賛することはもはやタブーではなくなった。生徒たちは、学校や地域のイベントでの発表に向けて文化クラブに参加し、韓国伝承のチャンゴ（太鼓と鐘）を練習している。今では劇、音楽、ファッション、伝統料理や祭事を通し、民族的伝統を称賛することによって在日コリアンは一種の連帯感を噛み締めている。韓国・朝鮮系の生徒の多くが自分たちの民族文化に対する認識と尊重を高めてきたのである（中島、1988）。

b）ふれあい館

1988年、川崎市は日本人と在日コリアンが、相互の交流を推進する場としてふれあい館を設立し、市民が互いの文化間にある民族の壁を越え、文化的共存を進めるために理解を深められるよう、支援してきた。ふれあい館は偏見と差別を失くし、共同的に共生する生き方を学べるよう、地域社会と行政が協働した、市民と地域社会の活動から生まれた（川崎ふれあい館、n.d.）。ふれあい館の本館は、川崎市に在住する在日コリアン9,256人のうち、4千人が住む川崎区の桜本に建っている。

一般的に、ふれあい館の役割は国際理解教育にあると勘違いされている。しかし、それとは逆に、ふれあい館は在日コリアンを中心とした地元のコミュニティに奉仕することを主な目的としている。

　地元で在日コリアンが直面する問題の相談、人権・家庭教育・成人期・伝統文化・ハングル（韓国・朝鮮の文字）・伝統料理に焦点を当てた内部調査会議、そして韓国・朝鮮の文化を紹介する川崎市の市立校への訪問――ふれあい館の果たす役割は多義にわたる。学校訪問を通し、各校とふれあい館の繋がりは深まった。韓国・朝鮮の文化的活動は同市内の学校のカリキュラムや文化祭の一部分となっており、子どもたちに物語や踊り、音楽、言語、伝統料理等を通して韓国・朝鮮の文化を紹介するためにふれあい館の職員が頻繁に学校を訪れている。

　総合的な学習の時間の導入を機に、川崎市の教員は生徒が韓国・朝鮮の文化に触れられる機会を多く設けてきた。ふれあい館の職員によれば、総合的な学習の時間の導入以来、当職員の学校への訪問回数は飛躍的に伸びたそうである[6]。次の項では韓国の文化を主な焦点として研鑽する川崎市立の総合的な学習の時間について詳しく説明する。

c) ふれあい館の学校訪問

　川崎市立 M 小学校の授業を訪問観察した際、200 人の生徒に対しふれあい館の職員が、1) 音楽、2) 美術工芸品、3) 遊戯、4) 言語、そして 5) 衣装を取り上げた文化的活動を通し、韓国・朝鮮の文化を紹介していた。

　太鼓のチャンゴを中心に音楽についてのプレゼンテーションがあった。講師は太鼓の歴史と現在韓国・朝鮮の祭事やパレードで使用されている様子を生徒たちに説明した。太鼓の簡単なリズムのとり方を見せ、生徒たちにも順番に太鼓を叩かせていった。美術工芸品のコーナーでは、体育館の隅のほうに色鉛筆、はさみ、のり、テープがいくつかの机の上に用意されていた。生徒たちはここで韓国の神である天下大将軍のぬり絵を受け取る。思い思いに色を塗って切り、トーテムポールに類似した形になるよう貼っていく。ボラ

三年峠：紙芝居

ンティアで来ていた保護者が、生徒たちの取り組みを手伝っていた。

　体育館のもう一方の隅では、ふれあい館の職員が韓国の伝統的なゲームを紹介していた。羽を手や足を使って落とさないようにするチャギと呼ばれる遊びや、日本のこまにもよく似た韓国駒が職員によって実演されていた。

　また、違う教室では韓国の伝統衣装ハンボクの試着が行われていた。女子生徒はスカートの上にシルクのチョゴリを、男子生徒はパジというスポーツ系のバギーパンツを履いた。教員と保護者の手助けもあるなか、写真撮影が行われた。

　もう1人のふれあい員講師は、生徒たちに韓国語（ハングル）の紹介をしていた。生徒たちは講師から簡単な挨拶や家族や周りの人の名前、そして学校で使う単語（先生、教室、等）を教わっていた。また、ハングル文字での自分たちの名前の書き方も習っていた。

　最後の活動は韓国の民謡、三年峠の発表であった。語り手は物語を話しながら、太鼓のチャンゴで登場人物の走りや歩きなどの動きを表現していた。物語は日本語で語られ、男性・女性、老人・子どもを区別するために声が変えられていた。男性の他にも、女性の語り手が韓国語で物語のナレーション

をしていた。語り手たちは物語のシーンを描写した紙芝居も使用していた。

上記で説明した韓国の文化活動の事例は、通称3F (Food, Festival, and Folklore) と呼ばれる、多文化主義の表面的な部分の反映であるように思われる。事実、ふれあい員は、生徒たちに韓国の遊びや伝統衣装、音楽、言語と民謡を紹介していた。

これらが「表面的なものにすぎない」という批評はもっともであるが、ふれあい館の職員は、総合的な学習の時間の導入により、自分たちの学校訪問はより効果的になったという印象を受けていた。それまで、韓国の文化学習に対し教師たちは十分な準備も発展的活動もしていなかったと、その職員は感じていた。しかし今、総合的な学習の時間により、教師たちは準備や復習に費やせる時間が増えたのである。したがって、その女性職員によれば、生徒たちの質問も事前学習に基づいた上で在日コリアンの暮らしや文化に関して質問するものとなってきており、それは生徒たちが韓国人を自分たちの地域社会の一員と自覚している表れなのである[7]。

大阪では、総合的な学習の時間で在日コリアン問題を取り上げることとは別に、民族クラブを設置している学校が多い。1週間に1度、多くの場合は有志の教師とともに、生徒は放課後を使って民族の遊びや音楽、踊り、言語を学ぶ。地方自治体も、公演会場を学校に提供し、年に1度文化祭を主催することで、民族クラブを後押ししている[8]。東大阪で視察した民族クラブの担当教師は、学校の文化祭で社会的正義のために戦い、虐殺され、戦死した在日の指導者を取り上げた。多くの学校が政治的なことを避け、民族クラブの活動を美術・工芸、音楽や言語に限定するなか、この教師はまだ戦いは終わっていないのだと、在日コリアンの機会均等のために奮闘を続け、活動家として課題を追求していた[9]。

この教師へのインタビューの際、総合的な学習の時間が導入されることで、在日朝鮮・韓国人問題に対する学校の態度は変化したかを聞いた。彼女は、簡単な答えとしてはノーであり、当校が韓国・朝鮮文化を取り入れてきた長い歴史がすでにあることを指摘した。しかし、総合的な学習の時間により地

元の朝鮮学校との間の活動を設ける時間ができたことは評価していた。また、総合的な学習の時間によって、在日朝鮮・韓国人問題が有志の民族クラブの枠を超え、全校生徒でこのマイノリティ側の平等や公正について考える機会を与えたと、彼女は指摘した。

大阪で対談した何人かの運営陣は、民族クラブへの関心は薄れてきていると感じていた。ある小学校の校長は、市で運営している文化祭への参加校は年々減少傾向にあることを教えてくれた。また、ある校長から、「在日コリアンの保護者から、英会話クラブを設けたほうが、時間が効率的であると、韓国の民族クラブに対し苦情を申し立てられた」とも伺った。民族クラブに対する関心が薄らぐこのような状況下では、多文化共生的アプローチの総合的学習の時間は、なお一層重要となってくるであろう。

「古参者」と認識されていることからわかるように、日本の朝鮮・韓国人はマイノリティとして日本にいた歴史は長く、20世紀前半に遡る。しかしながら、1980年代後半から日本は新しい移民の流れを経験することになった。このいわゆるニューカマー（Tsuneyoshi, 2004）は、主に南アメリカに移住した日系人であり、日本の教育界にまったく違った挑戦を突きつけられている。この子どもたちが教育環境に持ち込む心理、思想、交友関係のパターン（Finkelstein, 1997）は、日本の学校で子どもたちが経験する社会化のパターンとは異なっており、相反するものである。次の項では日本に在住するブラジル人に焦点を当てる。移住についての簡単な歴史と近年の帰還状況について説明したあと、日系ブラジル人が多く通う都会の中学校を、この問題に取り組む総合的な学習の時間の参考例としてあげる。

2） 在日ブラジル人：帰還の事例

a）序　論

1908年から1940年の間に約19万人、そして戦争直後には6万人の日本人がブラジルへ移住した[10]。移民の多くが、貧困や農作物の価格下落で苦境に立たされた農民、あるいは日本の伝統的な家制度で土地を継げなかった二男

や三男であった[11]。郊外の人口過密を緩和しようと、日本政府はこの移住を奨励した（Roth, 2002）。

移民の大半はブラジルで数年間働き帰国しようと試みていたが、戦争の結果と日本の終戦直後の経済状況はそれを許さなかった。ブラジルでは多くの日本人が農業の発達に貢献したが、なかには都心に移り、専門教育を受け職に就く者もいた。ブラジル政府は1989年にサンパウロ州の88万7千人を中心に、推定120万人の日本人が住んでいると発表している[12]。現在、ブラジルに住む日系人の9割は都会で生活しており、ブラジル人と結婚し、経済的・職業的立場もあり、社会によく溶け込んでいる。Tsuda（2003）によれば、日本民族のアイデンティティを強く保ってきたマイノリティである日系人に対し、ブラジル人は肯定的な態度を示している。

1960年代前半まで政治的・個人的なプッシュ・プル要因によって南米に渡った何千何万という日本人のなかにも、職や民族の繋がりを求めて帰国する者がいた。1980年代、ブラジルが経済的苦境に立たされる一方、日本は高度経済成長期に入った——時を同じくして出入国管理法が改定され、日本への扉が大きく開かれるなか、血縁関係者らの多くがこのチャンスに乗じた。

地方・都会にかかわらず、日本国内にはブラジル人が多く集まるコミュニティがいくつか存在する。静岡県の浜松市や群馬県の大泉町など、外国人労働者を雇う大小の工場が多く建つ工場中心地でブラジル人コミュニティが見られるようになった。大阪の大都市圏や神奈川県の川崎・横浜市を含む東京周辺にも、日系ブラジル人の2世や3世が住んでいる。以下、多くのブラジル人生徒が通う中学校のうち、多文化共生的アプローチの総合学習を実践する事例を紹介する。

b）都市部の中学校におけるブラジル人の構造化

N中学校の総合的な学習の時間は、多文化共生に人権教育的アプローチを取り入れられている。当校の人権宣言は、「それぞれの違いを乗り越えて仲間を大切にし、平和で楽しく、未来を見つめて、堂々と暮らせるように」（N

中学校、校内資料、2002年）と謳っている。この人権宣言は、4つのテーマを包括している。

> 第一条 『尊』
> 違うからこそすばらしい　一人一人がすばらしい
> みんな大切な命や文化を受け継いで
> 生まれてきた、かけがえのない一人
>
> 第二条 『友』
> 私たちは一人じゃない　みんな支え合って生きている
> 仲間がいるから自分もいる
> 自分の大切な友達、友情こそ一番の宝物
>
> 第三条 『夢』
> 夢は自分で叶えるもの
> いくら成りたいもの、やりたいことがあっても
> 何もしないんじゃ始まらない
> 一歩踏み出してみよう　自分から
>
> 第四条 『個』
> 出来ないこと、苦手なことがあっても、それも個性
> 人には長所もあれば短所もある
> "好き"と"嫌い"も、みんな個性

（N中学校、校内パンフレット、2005年）

　N中学校が人権教育を基調とした総合的な学習の時間を通して多文化共生に取り組んだのは、2004年が初めてであった。このカリキュラムの目的の一つは、横浜の在日外国人について学ぶことである。教師陣は次のような質問

から生徒たちを課題の探求へと導いた——なぜ外国人はここに住んでいるのだろう。どのようにして、そしてなぜ彼らはここに来たのだろう。なぜこの学校に彼らは通うのだろう。

　このような簡単な質問を基に、総合的な学習の時間の一環として教師たちは生徒たちに日本人の海外移住について学ばせようと決めたのであった。この調べ学習はまず、ブラジル出身の教師の経験を聞くことで、日本人の海外移住の歴史を知ることから始まった。発展的学習活動として、生徒たちは横浜の国際関係史をさらに学ぶために横浜の海外移住資料館[13]を見学した。

　筆者がN中学校を訪問した日、ブラジル生まれの教師が自分の人生について生徒たちに語っていた。彼女はまず、ブラジルの小学校に通っていた頃の自分の写真を出し、なぜ彼女がそこにいたのかを考えるよう生徒たちに呼びかけた。彼女は簡単に、なぜ多くの日本人が1800年代に北米に移住したにもかかわらず、1900年代には南米、特にブラジルに移住したのか、日本人移民の歴史について語った。

　続けて、福島出身で、父親亡き大家族の長男として生まれた彼女の祖父の話をした。当時、日本では移住が奨励されていた。南米への移住を勧める広告が多く出回り、「夢のような国」での人生の可能性を謳っていた。14歳で彼女の祖父は南米に向かう船旅へと、横浜の港を後にした。ブラジルに到着したのは1936年のことであった。到着した日本人移民全員に対し、ブラジル政府は一角の土地を与えたが、その土地はジャングルのようで、畑として整地することは難しく、数年がかりの作業となった。

　ブラジル人教師は、ブラジルの日系移民として祖父が経験した困難や成功について説明をした。ブラジルの学校に通い、1990年に帰国した自身の体験も語った。

　結びに、彼女は生徒たちに多くの日系ブラジル人が帰国していることを指摘した。また、外国にルーツを持つ生徒の数が多いなか、当校での差別を耳にしたことがないと、生徒たちの外国人生徒に対する態度を讃えた。

　この教師の話に対し、生徒たちは感想を紹介し合った。ある生徒は、先生

が10歳で帰国し経験した困難に驚いたと記していた。「部活動の時、『やればできる!』といつも私に言ってくれていたけれど、それにはすごく深い意味があることがわかりました。自分のおじいちゃんも移民だったので、いろいろ共通点があった。私は横浜生まれだけど、母は沖縄です。この学習をして、移住や日系外国人のことについて興味がわきました。」(N中学校、校内パンフレット、2005年)

　N中学校に通うマイノリティの生徒は、沖縄、韓国、ブラジル、そして他の南米諸国の出身者である。したがって、日本とブラジルとの関係に焦点を当てた活動以外にも、様々な文化活動が総合的な学習の時間で行われている。たとえば、ある日の授業では朝鮮半島の再統一を支持するOne Koreaというラップを歌う在日コリアン・デュオを紹介した。また、太鼓のチャンゴや在日コリアンが近年直面する課題についてのディスカッションなどが含まれたワークショップを通し、生徒たちに韓国の文化を体験させるコリアンウィークも設けられていた。さらに、当校はニカラグアで2年間ボランティアを務めたJICA青年協力隊員を迎え入れていた。これらに加え、生徒たちは各自で自分たちの文化的ルーツを調べ、探求するよう指導されていた。ある教師は、祖父母が生まれ育った沖縄へルーツを探りに行く生徒に同行したそうである。二人は、その家が今は米軍基地となっていたことを知った。

　総合的な学習の時間を通して多文化共生に取り組むN中学校の方針は実にユニークである。私が訪問観察した、ブラジル人生徒が通う他の学校では、必ずしも総合的な学習の時間に多文化共生的アプローチを取り入れていなかった。訪問先のうち、地元に多くの日系ブラジル人を抱えていることで知られていた学校では、総合的な学習の時間に外国語活動を導入していた。教室を訪れた筆者を待っていた素晴らしい英語のあいさつに感銘を受ける一方、当校の方針に戸惑いを覚えた。一人の教師に、当校が総合的な学習の時間にブラジルの文化を取り入れるよう検討をしたことがないか尋ねたところ、総合的な学習の時間の単元である生活史の一つとして取り組んでいる生徒のエッセーを差し出した。このエッセーは自分たちの民族的ルーツをたどって

いくことを目的としており、他の生徒にも見られるよう室内に掲示されていた。自己探求の一つとして効果的と思える一方、この方法ではクラス全体で地域の多様性を追求していくことができないのではないかと思われた。

　実際には、この小学校が実践する総合的な学習の時間は実に充実したものであるといえる。筆者が訪問した日、3年生は総合的な学習の時間の一単元である環境学習で、環境見学に行くためにインタビューの質問を準備していた。6年生の担任教師たちは、児童たちにグループで詳しく調べたい課題を決めさせ、インターネットや図書館を使って情報収集をさせ、その内容を全校集会で発表させる平和学習を実施していた。また、ある地元カンボジア人の尽力により、当校はカンボジアの学校と姉妹校の関係を結ぶことができた。児童たちの寄付によってつくられた新しい井戸の写真が展示品として飾られていた。さらに、ある教師はブラジルと日本の都市の年間温度を比較し、グラフにすることで算数の時間に両国の比較研究を取り入れていた。したがって、総合的学習の時間では重点を置いていなかったものの、当校は多文化共生を様々な形で、少なくとも部分的に推進していた。ただ、なぜ総合学習の外国語活動として英語ではなくポルトガル語を採用しないのか、また、なぜブラジルの学校と姉妹校関係を結ばれていないのか、疑問が残る。

3）日本におけるその他のマイノリティ・グループ：中国残留邦人とインドシナ難民

a）序　論

　前述した韓国・朝鮮人とブラジル人に加え、日本では2つのグループが外国人人口の大部分を占めている。1つのグループはいわゆる中国帰国者であり、もう一方はインドシナ難民である。

　第二次世界大戦直後、中国にいた多くの日本人が様々な理由から故郷に帰ることができなかった。戦争孤児も、その一例である。この子どもたちは、現在の北京近くに位置し、日本の中国支配区域として知られていた満州国に暮らしていた。戦争の混乱で親を亡くした、あるいはその行方が分からなく

なった子どもたちは中国に残り成長した。子どもたちの多くが日本の集落のなかで身を潜めながら惨めな生活を送り、何人もの命が病気や飢えで失われた。日本政府が本国へ帰還する船を提供したときには、すでに現地で家族を持った者、また連絡を受け取ることがなかった者も多く、帰国を果たせなかった日本人が大勢いた（多文化共生キーワード事典編集委員会、2004）。

1973年、日本政府は中国から日本人とその配偶者、及び20歳未満の独身の子どもの帰国を援護する制度を開始した。2003年時点では、1万9,959人が日本の永住権を獲得し、これとは別に8,894人が一時滞在者として認定されている（多文化共生キーワード事典編集委員会、2004）。日本での中国人の人口は、現在登録されている外国人人口の22％を占めており、韓国に次いで第2位となっている。

インドシナ難民もまた、日本に住む外国人の一員である。ベトナム戦争の余波から、新たな政治体制による報復を恐れた政治難民は、ベトナム、カンボジア、そしてラオスを脱出し、幾人かはボートで近隣諸国の海岸にたどり着いた。国際社会からの圧力のもと、日本は難民政策を打ち出し、1979年に初めてベトナム難民を一時的に庇護した。日本政府はまた、保護の対象を拡大し、他国の難民キャンプの住民も受け入れていった。やがて、難民の家族も来日するようになり、1981年には1万1千人のインドシナ難民が日本に在住するようになった。1981年、日本政府は、難民に関する法制度を改正し、以来、日本で難民認定を申請している2,872人のうち、305人のみが受け入れられている（多文化共生キーワード事典編集委員会、2004）。

これまで日本政府はインドシナ難民の数を制限しているが、「呼び寄せ」と呼ばれる現象のとおり、永住者の家族が入国し続けている。この難民のコミュニティは、特定地域に集中している。全体的には、団地などの安価な住宅がある地域に集まっているようである。横浜市の泉区は、その一例である。

以下で説明するのは、この区にある2つの小学校で実践されている総合的な学習の時間である。O小学校はその多文化的な学校運営やカリキュラムか

ら、国内のマスコミからも注目を集め、高評価を受けている。2005年に出版された本には、総合的な学習の時間の活動を含め、当校の学校改革の過程が校長らによって詳細に記録されている（O小学校、書籍、2005年）。これらをもとに、O小学校と当校の総合的な学習の時間について細かく説明する。また、同学区内にあるP小学校の総合的な学習の時間の詳細についても述べる。

b）多文化共生の教育的実践：O小学校

O小学校は多くの外国籍及び外国にルーツを持つ児童生徒が在籍していることで知られている。一番多いのは中国帰国者、そしてインドシナ難民（ベトナム、カンボジア、ラオス）の子どもたちである。1990年ごろから、この地域では外国人児童の数が大幅に増え始めた。2004年には生徒の53%が外国籍及び外国にルーツを持っていた[14]。また、学校の在籍者数は1994年の383名から2004年には215名へと激減していた。学校に在籍する児童数が少なくなり、外国人児童の存在感はより強調された。この「外国人」児童生徒の大半は日本で生まれている。

O小学校は誰もが安心して豊かに生活できる学校づくりをテーマとしている。当校は広く門を開いており、地域関係者、保護者、ボランティア団体、大学関係者、同地区の3校（小学校2校と高等学校1校）、保育園、幼稚園の協力を得ながら、この目標の達成を目指している。日本の人口統計が変わりゆくなか、近い将来全国的に多くの学校が似たような経験をすると考えられるが、同じような問題を抱える学校にとって数年間にわたる試行錯誤を繰り返した当校がモデル校となることが期待されている。

1999年、O小学校の前校長は、外国生まれの児童生徒が自分たちの文化的・民族的違いを隠し、学校で母国語を話さないようにしていることに気がついた。強いストレスを感じていた児童たちは、国際教室や日本語の補習教室で怒りや不満を顕わにしていた。また学校側の言語力不足により、外国人保護者はPTAの重要性を理解することができず、彼らのPTAへの参加率はゼロであった。外国人保護者は学校に来て教員と話すことに不安を感じてお

親子クッキング

り、安定しない雇用状態のなか学校行事に参加してしまうと職を失う可能性があった。

外国人保護者は日本人教師の指導方法が腑に落ちず、「日本人の先生は生徒を甘やかしすぎている。もっと厳しく注意するべきだ」と、頻繁に不満を漏らしていた。いっても意味がないと、公開授業にも参加しなかった。地域では、当地の外国人の人口が一層増加するのではと懸念していた。そして、外国人保護者間の文化的、宗教的、政治的な違いは、コミュニティ内の結束を阻んでいた。

校長は、当校の多様性を肯定的に捉え、マイナスの状況を変えていく取り組みを開始した。校長は、多様な学校環境は文化的共生を育む機会であると考え、教職員には児童たちが代表する国々のことを考慮しながら、生徒の国際情勢への興味を引き出す方法を見出すよう呼びかけた。

校長が一番気にかけていた問題は、来客の際には中国語やベトナム語がわからないふりをするほど、外国人児童生徒が母国語で話すことを避けていた

ことであった（O小学校、書籍、2005年）。児童生徒たちが安心して母国語が話せる雰囲気をつくりたいと、中国語が少しでもできる教職員には、児童生徒に中国語で話しかけるよう頼んだ。その他の教職員はベトナム語とカンボジア語を習い始めた。また、上級生は学校行事の際には訳を用意するよう指導された。校長は、児童生徒たちに2ヶ国語話せることを特別な能力として誇りに思ってほしかったのである。

校長の任期2年目には、通訳を同伴した家庭訪問が行われ、必要なときには校長・教員との個人面談の時間が設けられるなど、外国人保護者に力が注がれた。

文部科学省は、O小学校と近隣の3校を「帰国・外国人児童生徒とともに進める教育の国際化推進地域」に指定した。この事業に対し、いくつかの大学が支援や専門知識を提供した。Y国立大学の学生はボランティアとして生徒たちに日本語を教え、教授は日本語指導と国際理解教育について助言を与え、講演やワークショップを行った。指定校となった結果、外国人児童生徒の日本語は、目に見えて上達した。地元の書道家の協力もあり、児童生徒たちは書道の腕を上げ、市の書道展に飾られるまでになった。校長によれば、外国人児童生徒の成長は日本人児童の刺激にもなっており、児童生徒たちは自己の文化をより学び、言語学習にも力を入れるようになったそうである。

校長の任期3年目（2002年）には、様々な面から成果が見て取れるようになった。中国語やベトナム語を話す児童生徒たちの声が廊下から聞こえるようになり、もっと日本語を使うよう教師たちが注意するほどまでになった。保護者との連携も改善された。中国語を母語とする保護者がPTAの長に任命されたことを機に、保護者の学校に対する態度が一変した。個人面談は、学校が子どもたちに関心を持ってくれているのだと認識されるにしたがい、なくなっていった。

多くの問題がこの校長の任期3年間のうち最後の年（2002年）には解決されていたが、表面化した課題もあった。たとえば、外国人児童生徒が母国語を保持するためのプログラムを提供できるボランティアを募った。しかし、

これはまだ実質的な方向へと具体化されていない。また、学校側は外国人保護者の日本語学習にも尽力を尽くしてきたものの、時間などの様々な要因により、外部からの応援も検討することとなった。この点に関しては成果が見られるものの、保護者に適切な言語サポートを提供するにはさらなる努力が必要なのである。さらに、前校長はコミュニティ内の連携はさらに強化できるものと考えている。生徒児童数の減少を考慮した場合、たとえば、運動会への保護者や地域の人々が参加するべきではないかと校長は示唆したが、教員たちはこれを躊躇した。

　O小学校では、総合的な学習の時間は、多文化共生教育を補足するカリキュラムとして独自の役割を果たしており、これはすでに学校の目標に沿っている。当校のある6年生の担任教師は、多くの児童生徒が海外で生まれていながらも、自分たちの母国に関する記憶や興味を持っていないことに気がついた。このことを不憫に思った担任は、総合的学習の授業を使い、生徒たちに自分たちの出身国のこと、そしてなぜ日本に住み、O小学校に通っているのかを考えさせた。

　児童生徒は教科書を通して戦争について学んだが、この学習内容を掘り下げ広がりを持たせるために、教師は生徒に他の国で起きている戦争や紛争について調べさせることにした。まず、児童生徒は日本・中国・ベトナム・カンボジアの4グループに分かれた。それぞれのグループでこれらの国々の情報を集め、その国の戦争体験者にインタビューを行った。実のところ、外国人児童生徒の大半は何らかの形で戦争の影響を受けていたのである。前述したとおり、多くの中国人児童生徒は第二次世界大戦後中国に置き去りにされた戦争孤児の子どもたちであり、多くのベトナム・カンボジア人児童生徒は、1975の南ベトナム崩壊、ポルポト政権の再教育キャンプから避難してきた難民の子孫である。

　あるカンボジア人の児童生徒は、母親から聞いた1975年のカンボジア亡命の話をした。彼はベトナムで生まれて間もなく日本にやってきた。ある中国人児童生徒はいまだにその話をすることを辛がる自分の祖父が中国で孤児

となった経緯を語った。ベトナム人の保護者も教室を訪れ、難民として日本にやってきたことや通訳となるために勉学に励んだことを話した。

教師は、戦争を経験した友達や家族にインタビューする児童生徒の姿に感動していた。また、同クラスの日本人生徒も外国人生徒が日本に来た事情をより深く理解できたのではないか、との感想も述べていた（O小学校、書籍、2005年）。

c）P小学校

2005年7月、筆者はO小学校の近隣校、P小学校を訪問した。O小学校と同様、全校をあげて多文化共生の教育環境づくりに向け学校改革を行ってきた。「ともに学び生きる喜びを感じられる子どもの育成」が、当校の研究テーマとなっている（P小学校、校内研究レポート、2004）。

当校に通う小学生は216名と少なく、そのうちのちょうど25％を占める54名が外国にルーツを持った児童である。この児童生徒たちにはベトナム・カンボジア・中国・ラオス・ペルー・ブラジル・フィリピン・タイの血が流れている。学校の理事たちは、これまで外国人保護者が子供たちの教育上の、また社会性の発達に関し懸念を口にできるよう通訳をつけるなど、外国人保護者とのコミュニケーションに尽力を尽くしてきた。また、PTAのほうでは世界の料理講習会をはじめとする様々な国際的行事を企画してきた[15]。

学校改革の一つとして開かれてきたのが校内の研究会である。学校側は外国人を招き、子どもたちの教育上の、また社会性の発達に関連する文化的側面について語ってもらっている。PTAの役員は人権研究会にも参加している。研究会に参加したある日本人の母親は、参加していた多くの母親から来日した事情を聞き大変ショックを受け、尊敬の念が新たに芽生えたと語っていた（P小学校、校内研究レポート、2004）。

総合的な学習の時間のなかに「みんなの国を知ろう」という活動がある。このカリキュラムで児童たちは日本を含め自分たちの出身国である外国の習慣や文化について学ぶ。このカリキュラムの目標は、1）児童たちに自分たち

が国際社会の一員であることを自覚させること、2）外国人児童生徒に在日外国人として置かれている自分たちの状況を理解させ、その伝統に対し誇りを確立させること、3）学校行事に対する保護者の協力を強めること、である。自分たちの民族の伝統について学ぶために、児童たちは各自でインターネットだけでなく両親や親戚を含め、地域の住民を通して調べ学習をする。また、地元から外国人の講師も招いている。学年ごとに違う国のことを学び、毎年親や地域住民も参加する秋の全校集会で発表する。

　年間を通し、多くの外国人が児童たちと自分たちの文化を分かち合おうと教室を訪れる。たとえば、ベトナムの交換留学生が教室を訪問し、児童たちに自国の学校や衣食、伝統的遊びを紹介したこともあった。また、簡単な挨拶、数字の数え方、衣食や日常生活など、カンボジアの文化や言葉を紹介した招待講師もいた。児童は猿の葉っぱ取り合いゲームというカンボジアの遊びにも参加した。

　中国人の招待講師は児童たちに万里の長城の話をし、中国のハンカチを使ったダンスを教えた。ある2世ペルー人の母親は、ペルーには多くの日本人がいることを話した。ラオスから来た招待講師は、初めて来日したときの苦労を語った。フィリピン人の来賓は、児童達にバンブーダンスの振り付けを教えた。ある韓国人留学生は3年生の教室を訪れ、韓国の民謡・三年峠を読み聞かせた。6年生では日本太鼓を学ぶ過程で他国の太鼓についても学んでいた。

　もうひとつ、このカリキュラムの興味深い点は、異学年交流が組み込まれていることである。上級生は下級生の教室を訪れ、自分たちが学んだことを共有する。たとえば、6年生は1年生にラオスについて、4年生は2年生にベトナムについて発表した。

　P小学校の総合的な学習の時間が一番の盛り上がりを見せるのは、保護者・地域住民・教育委員会も参列する文化祭である。筆者がこの社交的な催し物を視察したのは2005年9月であった。体育館の壁には様々な国家の面積、人口、言語、文化について書かれたポスターで飾られていた。そのなかには、

児童たちの出身国ではないアメリカやドイツなどの国々も含まれていた。一面が万里の長城を複製している壁もあれば、カンボジアのアンコールワットを描いているものもあった。

文化祭では6つの国(中国・カンボジア・ベトナム・フィリピン・ブラジル・日本)の文化が取り上げられていた。児童たちは歌や踊りを通して各文化を紹介していた。どの発表も、国旗や挨拶などその国の紹介と、自分で調べ、人に尋ねていくなかで母国文化のことを再発見していった生徒個人の感想から始まった。文化祭は、最後にペルー人の児童が参加者にペルーの学校建設に向けた寄付にわずかでも協力してほしいと訴えたところで幕を閉じた。

この近隣する横浜の小学校2校(O・P小学校)の多文化共生への取り組みは、総合的な学習の時間を越えて学校経営と指導の範囲までに及んだ。理事たちは多大な努力を積み重ね、外国人保護者の協力を得ることに成功し、顕著な成果を見せている。総合的な学習の時間によって、児童たちの生活のなかの多文化について考えさせる教育の場ができた。何より、両校の大半の児童が日本で生まれ母国についてほとんど、またはまったく知識がないことからも、児童たちに自分たちの外国のルーツを「見つける」機会を与えるべきだと良好の教職員が認識することができた。

筆者はマイノリティ・グループが多く通う中学校にも訪問する機会に恵まれた。中学校の総合的な学習の時間においても同じような取り組みが行われていると期待していたのとは裏腹に、そのような傾向は見受けられなかった。インタビューをした教職員・理事は、学校や地域社会で広く受け入れられている多様性をわざわざ総合的な学習の時間で取り上げる必要はなく、取り上げてはむしろ非生産的であると捉えていた。多様な生徒と毎日を過ごしてきた児童たちである——中学校に入学するころには多文化共生に焦点を当てた内容を導入する必要性はなくなっているだろうと教職員らは語った[16]。

在日コリアンについて多く執筆している日本人教授、中島智子の学術論文が思い出された。中島(1998)が異文化間教育についてオーストラリアの校長数人に尋ねた際、驚いたことがあった。異文化間教育を特に行っているわ

けではなく、どちらかといえば生徒の多様性が自然と多文化的環境を作り上げていると答える校長が最も多かった。

　筆者が対談した中学校の校長らの間では、民族の多様性が「日常化」した学校ではこれらの相違がほとんど目立たなくなる、という共通の認識にたっているようであった。実際、「見ようとしない」傾向は、志水（1999）の研究チームが関東の大都市における学校で実施したフィールド調査でも報告されている。アジア系マイノリティが通う学校の傾向として、アジア人としての「日常化」が見られることは非常に興味深い。これはこの研究の外国人生徒たちが見かけ上、あるいは今では文化的にも日本人生徒と見分けがつかないからなのであろうか。

　訪問した学校では、児童生徒たちが廊下や運動場で外国語を話している姿を目撃した。実のところ、児童生徒たちは外国人の訪問者である筆者に一度ならず何度も自分たちがベトナム人・中国人であることを知らせにきてくれた。自分たちの名前を教えてくれ、筆者が正しく発音できるようカタカナで書き記してくれた。この生徒たちは自分たちのアイデンティティやルーツを隠そうとすれば簡単に隠せたにちがいない。ゆえに、自分たちのエスニシティの違いをオープンに主張する児童たちの姿に驚いた——名前の扱いが在日コリアンの文化的アイデンティティに与えた影響とは異なり、これは日本における多文化共生を積極的に促進させるものである[17]。

　しかし、外国にルーツを持つ生徒や外国籍を持つ生徒全員が必ずしも高等教育や日本の職場において平等な機会に恵まれるわけではない。筆者との対談した日本語補習を受け持つ教員たちは、外国人生徒たちの会話力には問題はないものの、読解力と作文力に遅れが見られると、懸念を口にしていた。日本で生まれ、日本の公立学校に通い、日本人の友達を持ち、日本のテレビを見ている生徒たちが、なぜ日本語で苦労するのか、その理由はわからないが、教員たちは外国語を使う家庭環境が影響をもたらしているのではないかと推察していた。言い換えれば、保護者に宿題を手伝ってもらえないことが、時とともに積み重なって、特に書く力などの高度な言語技能に支障をきたし

ているのかもしれない。

　誰もがわかるように、外国人生徒の日本における教育の向上は重要な課題である。一方で、義務教育ではなく、生徒にとって「競争の場」でない高校では、日本人生徒の数が少なくなるなか、外国人生徒に対し優遇措置を行っている。たとえば、ある高校では働いている生徒にも高等教育を受ける機会を設けるよう、朝・夕方・夜と3度授業を実施している。また、この高校では卒業までの期間が通常の3年間ではなく、6年間の在学が保証されている。

　他方、何人かの教師は、将来この生徒たちが進むであろう教育の場で直面するおそれがある潜在的な制約に対し不安を顕わにしていた。日本語能力の形成が遅れている生徒たちにとって、大学教育へと繋がる進学校で学び続けることは難しいことかもしれない。ほとんどの生徒が専門学校や工場等で働く機会を見つけられるものの、現実として進学への道は制限されている。来日したのが主に1990年代前半であると考えると、外国人生徒たちの教育の今後に憶測を立てるのは時期尚早かもしれない。しかし、志水（1999）の研究チームは日本の中等・高等教育制度において外国人児童が困難に直面することは次第に明白になっていくであろうと考察している。

　総合的な学習の時間における取り組みは、「外国人であること」が帯びる曖昧性を打破するきっかけを生徒・保護者・教員・地域社会に与えた。外国人児童は自分たちの民族的ルーツを発見し、日本人の児童は外国人の児童とともに多文化共生の生き方を学び、地域社会では現場にある「外国人であること」に対する危惧を払拭した。しかし、この生徒たちが日本の教育制度のもとで進学していくなかで出くわすであろう問題を考えると、さらなる対応が必要であろう。

3　まとめ

　本章では多文化共生を促進するために教育改革を進める日本人教師の努力とその過程における総合的な学習の時間の役割について説明した。総合的な

学習の時間に韓国文化を組み込もうとする川崎市のふれあい館について詳細に記した。ブラジル人生徒が集う横浜の中学校の総合的な学習の時間の活動も紹介した。また、中国帰国者とインドシナ難民が来日した事情と、学校で実施されていた総合的な学習の時間についても触れた。

　これまで論じてきた総合的な学習の時間は日本国内の問題に焦点をあてたものであった。次章では、この焦点が日本の国際理解と国際交流へと移り、国際理解教育を背景に生徒たちが情報技術・交流・対話・ディベートを通して新たな世界を知っていく総合的な学習の時間の学習活動に重点を置いている。これらの過程を通して生徒たちは日本の文化に対する外国文化の影響、日本の対外関係、そして日本の世界での役割について思いをめぐらせている。

注

1　帰国子女とは一定期間海外に滞在し、帰国後日本の学校に通う児童生徒のことを指す。帰国子女に関する包括的な英文のレファレンスとしては次を参照：Ching Lin Pang, *Negotiating Identity in Contemporary Japan: The Case of Kikokushijo* (New York: Kegan Paul International, 2000); Roger Goodman, *Japan's "International Youth": The Emergence of a New Class of School Children* (Oxford: Oxford University Press), 1990.

2　中国残留邦人とは、第二次世界大戦後様々な理由から日本に帰国できず中国に残留した日本人のことを指す。1980年代以降、日本政府は日本人であることを証明できる者については支給金を給付してきた。

3　独立行政法人統計センター（2014）によれば、2013年12月現在の在留韓国・朝鮮人数は519,740人である。在日外国人のうち韓国・朝鮮出身者が占める割合が1994年は約半数であったのに対し、2004年は32.1％に落ちたのは南米からの移民が増えたからである（海外交流審議会、2004）。

4　Ryang（2000）は、朝鮮総連も民闘連（民団）のどちらもこれらの人数を記録していないため、正確な数を把握することは不可能であると指摘している。詳細は次の文献を参照：Sonia Ryang, *North Koreans in Japan: Language, Ideology and Identity* (Boulder, CO: Westfield Press, 1997).

5　近年まで、日本の大学入学資格は朝鮮学校を修了しただけでは得られないため、認定試験を受ける必要があった。

6　インタビュー、2005年5月。

7　インタビュー、2005年5月。

8　筆者は大阪府の学校の韓国・朝鮮、中国、ベトナムの民族クラブもいくつか見学した。見学中、民族クラブに出席するべきはずの生徒が来ていないと気にしていた。多くの場合、校庭でサッカーをしているところを見つけられていた。

9 インタビュー、2004 年 12 月。
10 1925 年前には、より多くの日本人が北アメリカやハワイに移民していた。しかし、1924 年の米国移民法は北アメリカへの移民は禁止されたため、より多くの移民が南アメリカ、とりわけブラジルに流れた。For more information, see: Joshua Hotaka Roth, *Brokered Homeland: Japanese Brazilian Migrants to Japan* (Ithaca and London: Cornell University Press, 2002).
11 日本の伝統的な家制度では長男が土地と財産を相続する。
12 Sao Paulo Humanities Research Center が実施した調査によるものであり、様々な世代を含めた統計結果となる。Roth (2002): 57.
13 資料館のホームページには、当資料館の目的が次のように明記されている：「日本人の海外移住は……すでに 100 年以上の歴史があります。……ここ十数年、かつて日本人が移住した国々から、とくに南米から、日系人とその家族をあわせて約 30 万人の人たちが就労や勉学の目的で来日しています。こうした経緯から、日本人の海外移住の歴史、そして移住者とその子孫である日系人について、広く一般の方々（とくに若い人たち）に理解を深めてもらうことを目的として、海外移住資料館が開設されることになりました。」海外移住資料館：http://jomm.jp/outline/index.html.
14 当時、子どもたちの大多数がベトナム人であり（46 人）、続いて中国人（22 人）、カンボジア人（6 人）、ラオス人（3 人）の順で多く、フィリピン、タイ、ブラジル、ペルーからもそれぞれ一人ずつ在籍していた。38％は外国籍を持っていたが、そのほかは外国にルーツがある子どもたちであった（O 小学校、書籍、2005 年）。
15 講習会では、当校に通う子どもたちの出身国すべての料理レシピが公開され、100 人以上の参加者が集まった。
16 インタビュー、2005 年 6 月。
17 名前の問題についての詳細は、次の資料を参照：Fukuoka (2000).

第5章 総合的な学習の時間の国際理解教育的アプローチ

　日本国民のアイデンティティを主張する声と国際社会における日本の役割を主張する声——この両者に折り合いをつけようとするジレンマは、日本が開国した明治時代（1868〜1912年）、敗戦し占領下にあった戦後（1945〜1952年）、そして経済大国となり国際社会での責任が増幅する近代に至るまで一貫として存在してきた。本章では1945年から今日まで変化し続けてきた国際社会での日本の立場に触れながら、日本国民としてのアイデンティティと国際的責務の間にある時代遅れともいうべきジレンマに対し、いかに国際理解教育が両者の舵取りをしてきたか説明していく。そして、昨今の総合的な学習の時間への国際理解教育の導入を検証する。

1　日本における国際理解教育：敗北のなかでの国家の再認

　戦後の日本にとって国際理解教育は教育改革の柱となってきたといっても過言ではない。戦時中の日本の軍事体制と軍事行為、そして惨敗は日本の国際的敬意、知識、立場を奪った。終戦して間もない間、教育制度は国際社会で日本が再び地位を得るための主要な手段として利用された（勝田、1951）。

　日本が戦争の惨事から復興するなか、国連の人権宣言（1948年）[1]は国際教育の土台となった。また、日本の教育基本法（1947年）も、世界の平和と人類の福祉の向上に貢献する決意を掲げている[2]。

　戦後、中央教育審議会は再三にわたって国際理解教育の重要性を強調してきた[3]。日本の教育を「国際化」するために文部科学省は中央教育審議会の

報告書に沿って様々な教育政策を実施してきた。例として、1) 帰国子女の国内の学校生活への円滑な適応を図る指定校の設置、2) 語学指導等を行う外国青年招致事業（JET）[4]の設立、そして3) 日本の大学や大学院で学ぶ短期・長期外国人留学生の総数10万人の達成等が挙げられる。

過去20年間にわたり、日本国民のアイデンティティに対する関与は、国内に急速に流入してきた外国人、とりわけ突如その姿を表したブラジル人コミュニティによりますます複雑性を増した。この外国人の進展が追い打ちとなり、日本の教育界は多様な文化に取り組む政策や実施を検討するようになった。日本の学校に通う外国人生徒に関する報告書のなかに、1987年の臨時教育審議会の報告書がある[5]。同報告書は、「国際的に開けた学校」を呼びかけている。佐藤（1999c）によれば、この報告書によって初めて日本の教育政策に多文化共生の種が植えられた。

日本における国際理解教育に関する最新の声明は、1996年に発表された中央教育審議会の答申である。この答申では、一丸となって国内の学校に通う外国人生徒の問題に取り組む姿勢が示されており、骨組みとして以下の3つの原則が示されている。

---

1) 広い視野を持ち、異文化を理解するとともに、これを尊重する態度や異なる文化を持った人々と共に生きていく資質や能力の育成を図ること。
2) 国際理解のためにも、日本人として、また、個人としての自己の確立を図ること。
3) 国際社会において、相手の立場を尊重しつつ、自分の考えや意思を表現できる基礎的な力を育成する観点から、外国語能力の基礎や表現力等のコミュニケーション能力の育成を図ること。

（中央教育審議会、1996年）

戦後の国際理解教育の進展は、日本の教育を「国際化」しようとする不断

の努力の歴史を反映しているといえよう。しかし、極端な日本の国際化のあり方に多数の日本人学者が批判的な見解を示してきた。Befu（1983）は日本の国際化の論調は、真に他の文化を理解したいというよりも、日本の営利的能力を憂慮する経済的関心が中心となっていると捉えている。栗本（1985）は日本の国際化はもっぱら生産工程の国際化を主張してきたと評している。Morita（1988, as cited in Lincicome, 1994）は国際化教育を提案することによって政府は軍国主義・帝国主義を再燃させようとしているのだと主張している。

日本では広く知られているこのような批判が英語圏でも認識されるようになったのは Transcending Stereotypes（Finkelstein, Imamura, & Tobin, 1989）が発刊された 1980 年代後半からであった。1980 年代、特にアメリカを中心に日本に関する研究が日本人の強力な単一主義と平等主義に注目するなか、Finkelstein（1989）は日本社会のなかに自然と存在する多様性を明らかにする書物をいくつも編集した。簡略された論文では、日本におけるマイノリティの苦悩、帰国子女の問題、そして「日本の教育は断層化社会を形成する手段となっている」という Horio（1989）や Fujita（1989）をはじめとする日本の教育者らの厳しい批判に光を当てている。

日本で多くのフィールドワークを行ってきた外国人学者も、同様に批評している。Goodman（1990）は、日本の国際化は排外主義と異国趣味を往来し、外の世界を受け入れるか拒絶するかを争う「矛盾の歴史」であったと解している。McVeigh（2000）は、日本の教育は今に至るまでずっと経済大国主義の理論に支配されてきたと主張している。明治時代と戦後の教育改革が「国際主義の観点」から提唱されるなか、根深い国家主義のイデオロギーはそのまま残り、両時代の進歩的民主改革に対し反発を示した（McVeigh, 2000）。結果、国民や社会のために国家と資本の連携があるというよりも、国民や社会が懸命に国家の利益のために働いているのだという。

国際理解教育（IUE）のカリキュラムの内容と教授法も厳しい非難の対象となってきた。田渕（1987）は、西洋社会を強調する国際理解教育は日本により近いアジアの文化を無視しており、特に韓国・朝鮮人など在日外国人に

対する偏見を助長してきたと主張している。また、日本は国内の外国人マイノリティと共生することを学ばない限り、国際的立場も説得力も有しないとも述べている。

箕浦（1994）は日本の国際化を3つのタイプに峻別した：1) 姉妹都市や姉妹校を基盤とした有効的文化交流の形態、2) 日本社会の利益の為に日本が国際的行事に参加するナショナリズムの形態、そして3) 国家や文化を超えるトランスナショナリズムの形態、である。箕浦は、国際理解の最終目標はトランスナショナリズムであるべきものの、日本の授業で行われている国際理解教育は箕浦のいうタイプ1と2を反映したものとなっていると指摘している。

中島（1988）は2通りの意味でIUEは誤った形で授業に導入されているという：1) 国外に焦点を当てたIUEであること、2) 抽象的で日常の経験からはかけ離れたIUEになっていること、である。中島はこれらの欠点を克服する方法を3つ挙げている：1) 生徒たちをIUEに参入させようと試みるよりも、毎日がIUEの場であることを理解させること、2) 生徒たちの国際理解や知識を培うよりも、国際的関心事項や人類の福祉に関わっていくことは自分たちの責任であると自覚させること、3) 外部から専門家を教室に招き生徒たちの視野を広げようとするよりも、地域から人材を呼び、生徒たちに国際的な仕事内容、体験、そして視野を語ってもらうこと。

上記で明らかにしたとおり、日本国民としてのアイデンティティと国際化の均衡を取ろうとする試みは、一つの主要な流れとなっている。学校における総合的な学習の時間の実施は、国際理解教育の促進に努め続けられる特別な機会を教員に与えた。以下では、教員が生徒たちに取り組ませている活動事例をいくつか説明する。

2　総合的な学習の時間の国際理解教育的アプローチ

2002年度から実施されている現学習指導要領で、文部科学省が総合的な

学習の時間で取り組む要素の一つとして挙げていることから、IUEは多くの学校で採り上げられてきた。事実、文部科学省の調査によれば79.2%の小学校が総合的な学習の時間で国際理解教育を取り上げている[6]。

　明確な説明にするためにも、便宜上、以下では総合的な学習の時間の活動を2部に分けて紹介する。1部では、生徒たちと外国からのゲストが交流し、中国を例として生徒たちが日本の国際関係に思いをめぐらせていく活動について記す。この活動で生徒たちは高校や大学からの交換留学生を教室に招き入れ、日中の文化的繋がりを見つけ、二国間の政治情勢について討論する。これらの活動では日本国内の国際化と外交に焦点が当てられている。

　2部では焦点を移し、生徒たちに国際社会において変動し続ける日本の役割について考えさせる総合的な学習の時間に注目する。生徒たちはボランティアや情報交換を通して世界の発展に貢献する日本の政府やNPO／NGOのこと、また、国際化のツールとしての英語の役割について学ぶ。日本人教師がどのようにして変動し続ける世界市民の概念とグローバルリーダーとしての日本の役割を生徒たちと結びつけていくのかが、これらの活動に表されている。

1） 国内の国際化と対外関係
a）多様性の導入[7]：生徒と外国人訪問者との交流

　外国人の招待講師を教室に呼び、生徒たちと文化や言語を共有し、交流してもらうことは、IUEの典型的なパターンとなっている。このような活動の充実化を図るために、学校は地域社会のネットワークを様々に利用している。国内の大学に在籍する大勢の留学生たちは大いなる人材源となっている。多くの大学が連絡事務所を通し、外国人生徒に地元の学校に訪れ、そのような企画の後押しをするよう奨励している。しかし、外国人の人材は大学生に限定されず、学校は目的に応じて様々な人材ネットワークを活用している。以下、日本人の生徒が外国人のゲストと交流する機会についていくつか簡潔に説明する。

①ロータリーの高校留学生

　東京大田区のQ小学校ではロータリー奨学生である高校生たちが1時間の授業に小学生たちとともに参加し、給食を食べ、休憩時間を校庭で過ごした。ロータリー奨学生たちはインド、ドイツ、ブラジル、ペルー、スイス、そしてアメリカの出身であった。日本で学ぶ1年の間、この来日生たちは日本の高校に通い、日本人の家にホームステイしている。

　高校生たちは3つのグループに分かれて児童たちと交流した。日本人の児童生徒たちは各クラス5・6人の小グループに分かれ、そこに高校生が1人ずつ（あるいはグループで）加わった。何人かの高校生はペアで、あとは1人で児童たちと交流した。15-20分ごとにグループを交代することで、児童生徒たちに多くのロータリー奨学生と交流する機会をつくっていた。

　ロータリー奨学生たちはそれぞれ（またはグループ）独自のやり方で自分たちの文化、遊戯、表現方法等を紹介していた。たとえば、インド人の生徒は簡単なヒンドゥー語の言い回しを教えていた。ペルー人の生徒は虫のスペイン語名を見せ、ブラジル人の生徒は自国の国旗が表現しているものを説明していた。

　来日生は全員日本語を話すが、その上達度はまちまちであった。ほとんどの生徒は日本語を母国で学んだ。児童たちにとって、時には彼らの日本語が理解しづらいこともあったかもしれないが、熱意と若さでそのような障害を乗り越えていた。この企画にはロータリークラブからのボランティアも参加していた。10人の日本人ボランティア員（ロータリープログラムの日本人留学経験者と来日生のホストファミリー、そしてロータリープログラムの担当長）が発表会を見学していた。授業内での交流後、ロータリー奨学生たちは児童たちと給食をともにし、昼休みを校庭で過ごした。

②大学の留学生

　R小学校（川崎市）の6年生の総合的な学習の時間は発見学習と交流を通

した国際理解を中心に構成されている。伝統工芸、スポーツ、文化、生活習慣などを児童生徒たちにインターネットで検索させ、外国についての情報を収集させることから単元が始まる。中間報告として、児童生徒たちは発表用にポスターや新聞、パワーポイントを作成し、3〜4人の小グループで情報を共有し合う。作業を通し、児童生徒たちは貧困問題や人権問題など様々な国際問題に気がつくのである。情報収集の段階が終わると、担任の教師は外国人留学生たちに来校を依頼するため、地元の大学の留学生課に連絡を取った。

学校付近に位置する大学の留学生たちをR小学校の6年生たちが迎えた。児童たちはこの来校に向け、招待状を送り、担任の教師と相談をしながら授業計画を立てるなど準備を行ってきた。筆者が見学した日には（韓国、中国、ドイツ出身の）留学生3人が6年生の教室を訪れていた。

中国人の生徒は自己紹介で自分が経済学専攻の博士課程で日中のODA（政府開発援助）について研究していること、また、中国の民族が様々あるなか自分は少数派の出身であることを話した。児童たちに中国語の挨拶や言い回しを教え、質問にも応じた。彼女は自分の民族のこと、小学校生活、スポーツ、時間帯、中華料理、気候、そして日本のものも含めた中国の大衆文化について語った（R小学校、研究会資料、n.d.）。彼女は90分間の授業を簡単な中国の遊びと日本のカルタで締めくくった。

6年2組の教室では、ドイツ人の留学生がまず授業の冒頭で自己紹介をドイツ語でし、児童たちに自分が何をいったかわかるか聞いていた。そのあと、彼女は児童たちにドイツが世界地図のどこにあるかを探させた。ドイツの民族的多様性や国旗について語り、日本の面積との比較もした。

授業のこの時点に差しかかると、児童たちは来日生に日本文化の様々な面を紹介した。あるグループは、難しい日本語の表現の具体的意味や例文を出し、その使い方を面白く説明した。ちがうグループはおせち料理などの日本料理、また、テレビやアニメ、ポップミュージックなどの大衆文化を紹介した。このクラスの児童たちは授業計画と発表に対し意欲的に参加し、日本に

外国人訪問者のお別れ会

一時的に滞在している来日生に日本を案内するような情報を与えていた。
　韓国人の留学生は6年3組の生徒と交流した。児童たちは一人ひとり簡単な自己紹介をし、名刺を来日生に渡していった。彼は児童たちの名前を韓国語の文字（ハングル）に直し、それぞれの名刺に書き込んでいった。児童たちは韓国の学校や料理、文化などについて質問をした。そのあと、生徒たちは韓国語でフルーツバスケットを行った。韓国語・日本語・英語でバナナやイチゴ、メロンなどフルーツの名前を叫びながら空いている席を探しに教室を駆け回っていた。
　2004年、日本で学ぶ留学生の数は文部科学省の目標であった10万人を超え、11万7千人に達した。日本で学ぶ留学生の90％はアジア人が占めており、そのうちの65％は中国からの来日生である（Japanese Minustry of Education, "Japan Education at a Glance, 2005"）。見てわかるように、留学生にとって日本は格好の留学先となっており、彼らの存在は日本の高等教育機関により大きな多様性をもたらしている。
　しかし、アジア人の生徒が主体となっていることから、日本の高等教育はグローバルではなく地域的な学問の場となっていると見る学者もいる

(Kobayashi, 1991, as cited in Tsuneyoshi, 2005)。日本の政策立案者は高等教育の多様化を図る手段として1990年代中ごろに短期留学推進制度を支援する法律を通した。この短期留学制度では、学習課程に必要な日本語力を持たない学生に対応するために英語で講義が行われている。この戦略は功を奏したようであり、短期留学生の約半数は欧米人となっている。Tsuneyoshi（2005）は英語での授業を用意しなくてはならない教官の負担や英語を話す運営スタッフの新規人事・訓練・確保など、短期留学制度には様々な問題があることを指摘している。このような問題があるものの、外国人留学生は私立においても国立においても日本の高等教育の一部をなしている[8]（Tsuneyoshi, 2005）。

McConnell（2000）の言葉を借りれば、日本はほぼ全国各地に「多様性を輸入」する国際教育政策を展開してきた。外国人生徒のための短期留学制度はそのような政策の一例である。公立の教師たちは「多様性を輸入」するために総合的な学習の時間を利用し、高校や大学からの来日生を学校に招いて児童たちとの交流を図っていた。加えて、日本人の児童たちは外国人の来校者に紹介をすることで自国の文化をより深く学ぶことができていた。訪問は基本的に1回限りであるものの、これにより児童たちは外国人との交流という郊外では得難い機会に恵まれることになる。

しかしながら、中島が指摘するように、外国人を学校に招くことは児童たちの目の前の環境から国際化を取り除くことにもなる。前述した2つの事例のどちらでも授業を訪れた生徒たちは一時的に来日している「客」である。中島が当該活動の潜在的な問題点と呼ぶように、このようなアプローチは日本人対非日本人という2項対立を強調することになりかねない（中島、1998）。

b）日中の国際関係：歴史的影響と現在の対立

中国―日本はこの巨大な隣人と長い間、時には緊迫した関係を持ってきた。専門家は徳川時代（1603～1868年）より250年間続いた鎖国の終わりを明治維新という。だが5世紀から8世紀の間に中国へ派遣された朝貢使は日本に仏教や漢字を持ち帰っていた（Jansen, 1980）。明治以降の教育政策や方針が

もっぱら和魂洋才をテーマとしてきたなか、それ以前の時代は中国との文化的・教育的交流を主とした和魂漢才がテーマとなっていたのである。しかし、日中間の対立が終結してから60年間経過した昨今、2005年春に展開された中国での反日デモでも象徴されているように、2国間の関係は緊迫したままとなっている。中国が反発を示しているのは、1）亡くなった日本の英雄的な軍人を祭る靖国神社への小泉元首相の参拝、2）1946年の憲法第9条不戦条項の改正に対する最近の日本政府の議論、そして3）歴史教科書に記述されている第二次世界大戦中の中国における日本の行いの相違、の3点である。次に説明する総合的な学習の時間では、日本人生徒たちが普段忘れられている自国と中国の関係を発見し、両国の国際関係における行き詰まりについて話し合っている。

① 民族舞踊を日本で：中国の伝統を実演

千葉県船橋市のS中学校では生徒主体の研究発表を基盤とした総合的な学習の時間を行っている。「私たちの街をつくる〜国際都市『船橋』をつくる〜」というテーマのもと、内容としては地元地域及び域外の文化・産業・伝統・自然環境・保健福祉・ボランティア精神と国際化を包含するものとなっている。

生徒たちは小グループをつくり、インターネット検索や同輩・教師たちとの相談を通して研究テーマを決めていく。国際的な内容の研究計画を立てる生徒が多い。1年生では地元について調査するが、2・3年生では修学旅行に合わせてそれぞれ鎌倉と関西地方（京都・奈良・大阪・神戸）についての研究を計画する。リサーチ・プロジェクトの内容は千差万別である。以下、地元の文化的伝統に対する中国の影響に焦点を当てた事例を、1つであるが説明する。

ばか面踊りは日本では有名である。1716年から1735年の間、船橋市の葛飾区にある神社の住職がこの踊りを考え出した。この郷土舞踊が全国に広がり、船橋ばか面踊りとして知られるようになった（S中学校、校内資料、2003年）。両文化の相違点・共通点を見出そうと、この研究発表を通して生徒た

ちは船橋ばか面踊りと（踊りの起源だという）中国の民俗舞踊の比較を試みた。

　生徒たちは中国の伝統舞踊について調べ、中国の地方に住む人々の間では民俗舞踊が親しまれていることを知った。調べていくなかで生徒たちは、中国には55の少数民族が公式に認定されており、それぞれが独自の民俗舞踊を伝統としていることを学んだ。

　日本と中国の民俗舞踊を比較していくうちに、生徒たちはどちらの国の踊り手もしばしば面をかぶり、神々のために踊っていることに気がついた。ただ、中国の踊り手が神々を鎮めるために踊るのに対し、日本では神々を楽しませることを目的として踊っていた。生徒たちは自治会館でばか面踊りを伝承している市の役員にインタビューを行った。役員は、自分が最年少の5歳児から最高齢者では80歳に至るまで踊りを教えているのだと語った。

　この授業に対する生徒たちの反応は良かった——ばか面踊りについてはじめは何も知らなかった彼らも、今ではそのような地元の伝統の大切さを認識し、日中の繋がりについても理解を深めることができていた。生徒たちの感想文には、この研究発表を通して地元の伝統文化を守ることの大切さにも気づくことができたと記されていた（S中学校、校内資料、2003年）。

②中国の反日デモ：討論やディベートを通じた国際関係

　港区立T小学校6年生の総合的な学習の時間では変わった取り組みを行っていた。児童たちは総合的な学習の時間のおよそ40時間を使って自分たちが担任の教師と相談して設定した課題について調べる。この課題を簡単に説明し、クラスで討論したい問題点を提起する時間が毎回5分から10分授業の頭で設けられている。ディベートの時間がこれに続く。議論は児童たちが主体となって展開され、教師は時々間に入る程度である。研究課題は様々であり、その内容は凶悪犯罪から環境問題と幅広い。自然と多くのテーマが国際的内容となっている。

　筆者が訪問した日には女子児童が日中関係の問題を提起していた。2005年春、中国では日本人が所有する事業所や北京の日本大使館を対象とした一連

中国の反日デモについて

の反日抗議が広がっていた。

　まず、児童は手書きの文章で埋め尽くされた大判用紙を7枚黒板に磁石で張りつけ、それについて説明をした。彼女はそこに書かれていた問題の内容とそれに対する自分の考えや意見を読み上げた。研究テーマは「反日デモ（日中関係）」と題されてあった。（戦没者を祭る）靖国神社を参拝した小泉元首相に対する中国の怒り、歴史教科書問題、国連常任理事国入りを目指す日本の意図などに触れながら、正確にこの問題の全貌を叙述していった。女子児童は、中国の反日運動は行き過ぎていると感じていること、また、小泉元首相の靖国神社参拝は個人的な問題であり、自由な国家ではどんな市民にも与えられている権利であると主張した。最後に、この研究発表を通して一人ひとりの思いがそれぞれの住む社会に取り込まれていること、ひいては心の

大切さを教わったと感想を述べた。

　続いて、活発な話し合いが始まった。児童たちは自分たちの意見を発表し、相手の意見に対しても異論を唱えた。現在の中国との対立に焦点を当てながら靖国神社の役割と日本の戦時史を中心に討論は展開された。小泉元首相の靖国参拝は個人の行動として許容されると思う児童がいる一方、参拝を思慮が足りない向う見ずな行為だと捉える児童もいた。教科書に関しては、過去における日本の戦争の記録をもっと公開するべきだとの意見が多く上がったが、両国が再び大規模な戦闘に陥る可能性はないに等しく、中国の反発も控えめになると考える児童も多くいた。討論中、教師は児童たちに質問を投げかけた——ある時点では、なぜ中国人は過去に自国を植民地化したイギリス人やドイツ人に対しては怒りを示さないと思うかを問いかけた。また、児童たちは同じように日本兵の手によって悲惨な目に合わされた国でも、なぜアメリカとは良好な国際関係を保つことができ、中国とは不安定な関係が続くのか不思議がっていた。中国の怒りを理解し、日本は中国に対して過去の残虐行為を謝罪するべきだと考える児童たちがいる一方、他の児童たちはこれ以上謝罪することに強く反対した。歴史認識の違いを調整するためには両国の対話が必要であると感じるものの、政治的な硬直状態を打開できるかに対しては懐疑的である点ではどの生徒も同じであった。

　大国で、今ではその影響力も大きい日本の隣人、中国との関係に思いをめぐらせる上記の授業では、日本が直面する国民性と国際的立場のジレンマが表面化していた。相違点よりも類似点を発見し、両国の深い文化的な繋がりに光を当てた児童もいれば、両国間の深い政治的な亀裂を知った児童もいた。また、IUEが専ら西洋に焦点を当てていたものからアジア研究、今回の場合は中国に着眼した、よりバランスのとれたアプローチへと傾向が変わってきていることが、これらの学級活動からうかがえる。

　総合的な学習の時間が設けられることによって、教師たちは自治的な学級活動を進められ、児童たちに日本社会の一員としての宿命と国家の未来を担う指導者としての役目に直接影響を与える事柄について話し合い、討論させ

ることができていた。児童たちは他者、今回の場合は中国人が、どのように自分たちの国を見ているのかを討論していた。討論を通し、児童たちはこれらの問題には異なる見解が、自分たちのクラスにおいてでさえもあるのだと学ぶ。総合的な学習の時間によって教師たちはこのような学習法を考え、実行する余地が与えられ、児童たちもこれに対し肯定的な反応を返した——日本人の学生は人前でうまく自己表現をするコミュニケーション能力がないとよく非難されるが、果たしてそうなのか、疑問の余地がある。このような総合的な学習の時間の学習活動は、生徒たちに市民としての自由と権限を与え、「自分たちの意見には価値があり、自分たちの主張で自国の未来を左右する政治的対立から違うものを生み出せるのだ」と思わせることができる。

　以上、来日生と生徒が交流する様子や、日中の国際関係に焦点を当てたが、以下で紹介するのは、生徒たちに積極的な国際社会の参加者として日本が果たすべき役割について考察させる学習活動である。ここでは、日本が国際社会における使命と先導的な役割を定めようと苦悩するなかで直面する、グローバルリーダー特有のジレンマに、生徒たちをどのようにして向き合わせているのかに焦点を当てる。

2）日本の国際的役割：日本人の 21 世紀に向けての市民性の構築

　経済的地位とともに国際的な力と影響力を獲得するにつれ日本の国際的な役割は劇的に変化していった。以下では、独立行政法人国際協力機構（JICA）と、発展途上国で行われる様々な事業に対し技術援助とボランティアを派遣する日本の NGO であるアジア協会アジア友の会（JAFS）の仕事を通し、世界の発展のために自国が果たすべき役割を日本人生徒がどう捉えていったのかを紹介する。日本の NGO／NPO と JICA は、総合的な学習の時間における国際理解教育に積極的に関わっていた。

　また、英語学習に国際理解教育の主な焦点を置く総合的な学習の時間についても説明を記す。教師たちは国際理解教育を重視し、総合的な学習の時間を活用して英会話を取り入れていた。

a）独立行政法人国際協力機構（JICA）の役割：国際理解教育に対する政府の応対

　総合的な学習の時間における国際理解教育の要素として、JICAの事業は学校と生徒たちの興味を大いに誘う。JICAの横浜事務所には目を見張るような研究施設やセミナールーム、海外移住資料館が設置されている。JICAは資料館を活用した『学習活動の手引き』も発刊しており、ハワイのさとうきびプランテーションに従事した労働者、ブラジルの日本人移民、アメリカの日本人収容所、そしてアメリカに渡った日本人移民の食文化・消費者文化について学べるようになっている（海外移住資料館、2005）。JICAは教育事業として、発展途上国に住む子どもたちの暮らしを取り上げる教材の開発も行っている。『学校に行きたい！』という題名がついたパンフレットには、なぜ世界には5人に1人の子どもが学校に行けないのか、その理由が説明されており、学校建設や専門家派遣などJICAが行っている教育支援の詳細も記されている（国際協力機構、2005）。これらの教材は子ども向けに書かれている——複雑な問題がアニメのキャラクターや図形、画像、カラフルな写真とともにわかりやすい言葉で説明されている。

　JICAを取り入れた国際理解教育活動の授業事例として、以下では3つの授業活動を紹介する。最初の学習活動では、生徒たちがJICAの事業について調べ、JICA職員にインタビューを行っている。2番目に紹介する授業活動では、JICAの海外ボランティア経験者が教室を訪問している。最後に、中学校向けにJICAが行っている国際理解教育の授業事例を紹介する。

①生徒のJICA職員に対するインタビュー

　千葉県船橋市のU中学校の生徒たちは日本の開発支援計画とJICAの事業に強い関心を寄せてきた。生徒たちはインターネットの情報資料を通し、JICAの事業の多くは感染症の防止に向けた医療研究であることを知った。JICAは温暖化などの環境問題の解決や、軍事紛争国の復興にも尽力していた。生徒たちはJICAが学校や病院を建設していること、自然災害にあった開発

途上国への緊急支援を行っていること、また、発展途上国における電力、交通、通信手段のニーズを把握する研究を行っていることを知った。また、JICAでは開発途上国の人材開発を支援するために青年海外協力隊とシニア海外ボランティアの2つのボランティア制度が設けられていた。

生徒たちはJICA職員にボランティア・プログラムについてインタビューを行った。美容師からサッカー・コーチまでと、JICAには140種類を超える支援形態が設けられていることを知った。JICAがボランティアを派遣したのは1965年のラオスが初めてであった。以来、東ヨーロッパからアフリカ、南太平洋諸国で、73ヶ国で2万3千人を超えるJICAボランティア員が働いてきた。JICAのボランティアは開発途上国からの要請に基づいて募集されている。医療や科学分野など、前からある活動分野に加え、教育や文化芸術面における人材の派遣も目覚ましい。

生徒たちはJICA職員に参加できるボランティア活動について質問した。年齢制限は20から39歳であり、採用されるには試験を通過しなくてはならなかった。派遣期間は2年間であった――現地に慣れるのに6ヶ月、現状を変えるには2年間の歳月が必要であるという。英語が話せなくてもコミュニケーションがとれるのかという質問もあった。JICA職員は、英語力は必須であり、JICAのボランティア活動に参加を希望する生徒は英語を勉強するように助言した。

国際協力には財政支援だけでなく、労働や知識などの人材面での貢献があることを生徒たちは学んだ。生徒たちは、一生徒としてボランティアに参加することは難しくとも、世界の問題を自分たちの問題と捉え、その解決方法を考えることが最初の一歩であるという結論にたどり着いた。

② **体験を語るJICAの海外ボランティア**

JICAのボランティア経験者も、自分たちの海外経験を話しに学校を訪れていた。筆者が大阪府立V高等学校を訪れた日には、3人の日本人青年がヨルダン、シリア、モロッコでの体験を高校生たちに語っていた。

一人のJICAボランティア員はヨルダンにある学習障がい児を治療する施設で2年間を過ごした。このボランティア員によれば、ヨルダンでは学習障がいを持った子どもの出生率は他に類を見ないほど高く、政府は最近になって支援をし始めた。彼女が働いていた施設は非常に大きく、多くの子どもたちが治療を受けていた。日本とイスラム国家の違いを学びながら、子どもたちを治療し、現地のスタッフに助言や指導を行っていた。

　このボランティア員は、ヨルダンの国や文化に関する情報や日本との国際関係についてまとめたプリントを生徒たちのために用意していた。プリントには人口、面積、ヨルダンとイスラム教の歴史、首都（アンマン）、そして民族構成（70％がパレスチナ人）が書かれていた。さらに、人口の92％がイスラム教のスンニ派であること、また、スンニ派自体が何かについても説明があった（V高校、校内感想文集、2004年11月25日）。

　ボランティア員は、共通の言語がないなかで担当の子どもたちと行動をともにするのは大変だったと語った。はじめのころ、子どもたちはよくつまらなそうな顔をしており、行動が制限されているときもあった。しかし、任期2年目の終わりには、絵画や運動、音楽活動をさせることができ、子どもたちに施設の外も体験させることができた。

　高校生たちの感想文には、困難に負けず、最後には子どもたちが体育や教育的な活動をできるような状態を築いたボランティア員の根気の強さに感動した、との声が寄せられていた。生徒たちは意志と自己満足の大切さ、ボランティア活動を通して他者と関わっていく価値を学んだ。

　同じようにシリアで学習障害児を支援したもう1人のボランティア員も生徒たちに自分の体験を語った。ボランティア員は自分が施設に着いたとき、多くの子どもたちがズボンも靴下も履いておらず、建物も窓が割れていて冷たい風が入り込んでくるような状況だったことを伝えた。彼女は日本に「穴の開いた靴下」を送るよう要請し、新品の靴下を600足受け取った。施設だけでなく、地域も含めた大勢の子どもたちが足を温かくしてその冬を越すことができたのであった。

ボランティア員は自分が施設で唯一の外国人であり、コミュニケーションを取る唯一の手段が、自分の片言のアラビア語であったことを説明した。音楽や体育、美術活動を通し、彼女は文化の違いを乗り越え、子どもたちとコミュニケーションを取ることができたのであった。

危険な国として、シリアに対しマイナスのイメージを抱いていた生徒たちであったが、JICAのボランティア員の話を聞き、どの国にも温かく友好的な人が大勢いるということに気がついた。ある生徒は彼女の話に感銘を受け、日本人が飽きや流行遅れを理由に服を捨ててしまっていることを恥じた。ある生徒は、子どもたちに心を開き、障がいを乗り越える手助けをしようとしたボランティア員に尊敬の念を抱いた（K高校、校内感想文集、2004年11月25日）。

もう一方の教室では違うボランティア員が手足を失くした患者が通うモロッコのリハビリセンターで働いた経験を生徒たちに語っていた。義肢を付けた生活に慣れるよう、彼は義肢を受け取った一人ひとりに理学療法を提供した。子どもたちの多くはポリオの犠牲者であったが、交通事故で手足を失くした子どももいた。患者のごく少数が地雷により手足を失っていた。

このボランティア員は、生徒たちにモロッコの文化、言葉、料理を紹介した。彼はイスラム文化での生活と、日常生活で苦労した面について話した。スライドを使って生徒たちに子ヤギの屠殺を見せ、その儀式の宗教的意義を説明した。アジア的な風貌を笑われたり、からかわれたりしたと感じ、頭にきたこともしばしばあったそうだ。しかし、ボランティア員は生徒たちに外国の文化を理解することは難しいかもしれないが、相手を信頼する姿勢があれば言葉や文化の壁は乗り越えられることを強調した。

義肢の受け取りに心から感謝するモロッコ人は、生徒たちにとって印象的だった。日本のような裕福な国の人々は、そのようなことに感謝する心を忘れてしまったのかもしれない——生徒たちはそう思った。ある生徒は、地雷よりも交通事故で手足を失うモロッコ人が多いことに驚きを示した。日本でも交通事故は頻繁に起こるため、親近感がわいたそうだ。また、異文化に対して動揺しないボランティア員に生徒たちは感心した。「カルチャーショック」

第5章　総合的な学習の時間の国際理解教育的アプローチ　127

という言葉は何度も耳にしてきたものの、JICAボランティア員からモロッコの話を聞くまでその意味を本当には理解していなかったと、感想を寄せる生徒もいた（K高校、校内感想文集、2004年11月25日）。

③ JICAの国際理解教育

　横浜のみなとみらいにあるJICAの総合窓口でも、国際理解のための学習活動が用意されている。当館では素晴らしい数のビデオを見ることができるほか、JICAの国際協力について紹介する無料の刊行物が置いてある。セミナールームも数室あり、海外移住資料館が併設されている。

　筆者がJICAの事務所を訪れた日には、横須賀の学校から高校1年生たちも見学に来ていた。授業の冒頭で、まずJICAのガイドは生徒たちに世界にはいくつの国が存在しているかを聞いた。生徒たちは100から130ヶ国の間だと予想した。ガイドは、国連には191の加盟国があることを教えた。次に、彼女は生徒たちに国名をいくつか挙げるよう頼んだ。生徒たちが知っている国名を挙げていくなか、ガイドはそれらを2つのグループに仕分けて黒板に書き、自分がなぜそのようなことをしたと思うか尋ねた。一瞬の間を空けて、1人の生徒が「貧しい国と裕福な国？」と答えた。すると、JICAのガイドは先進国と発展途上国という概念を説明し、生徒たちが名乗った国の多くが先進国であったことを指摘した。世界の国の80％は発展途上国であることも教えた。生徒たちが発展途上国の位置関係を把握できるよう、地図を広げた。

　続いて、授業は「World in a Supermarket」と呼ばれる学習活動に移った。ここでは、地元のスーパーマーケットで購入してきた基本的は食品が入った袋が各班に渡された。食品の原産国を生徒たちに調べさせることがこの学習活動の狙いである。原産国には、その商品を生産するのに使われている農産物も含まれる。

　ある班は、チョコレートを作るために使用されていたカカオの実は西アフリカから輸入されていると指摘した。そのほかにも、トウモロコシと大豆は北アメリカ産、茶はスリランカ・インド産、バナナはフィリピン・エクアド

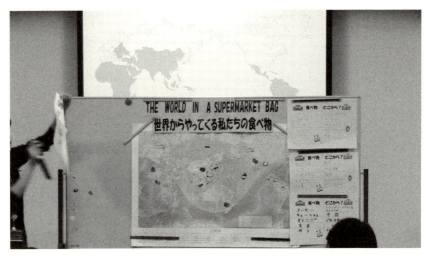

World in a Supermarket

ル・台湾産、鮭はカナダ・ノルウェイ・アラスカ産、コーヒーはインドネシア・コロンビア・ブラジル産、きゅうりは中国産、蛸はモロッコ産、蟹はロシア産であることなどを発見していった。違う班では、日本との近接性と安い労働力を理由に、多くの野菜と果物が中国から輸入されていることに気がついた。先進国が主要な輸入国である一方、発展途上国は多くの場合主要な輸出国であることを生徒たちは知ったのであった。

　JICAのガイドは2年間ジンバブエの小学校で音楽を教えるボランティアをしていた。アフリカでの体験を共有するために、まずガイドは生徒たちにアフリカと聞いて思い浮かぶものをブレインストーミングしてもらった。黒い肌、貧困、ジャングル、暑い、エイズ、裸足、藁の家、水に浮かぶ家、川の水を飲料水とするなどが挙がった。

　彼女は続けて5枚の写真を生徒たちに見せた。最初の2枚は高い建物とショッピングモールが写った都会の写真であった。次の2枚は家族が歩き、小型のタクシーに乗車している村での一コマであった。最後の1枚には、大きな食料雑貨品店の店内が写っていた。ガイドは、生徒たちにこの写真がアフリカで撮られたものか当ててみるよう促した。予想したとおり、生徒たち

は近代的な都市が写った写真ではなく、村の生活風景が写った写真を「アフリカ」で撮られたものとであると予想した。ガイドは、写真はすべてジンバブエで撮られたものであり、高い建物が写った写真は都心ハラレで、残りの写真は都心のすぐ外にある周辺の村で撮ったものであると説明した。彼女は授業の最後に、ハラレにある小学校で音楽を教えている自身の写真を見せた。近代的な校舎で身なりをきちんと整え清潔な制服姿で学ぶ子どもたちの姿が、生徒たちの目を引いた。生徒たちは、アフリカの教室も日本のものに非常に似ていることに気がついた。ガイドは発展途上国に住む全ての人が貧しいわけではなく、都会と農村部間の社会的・経済的格差が激しいのだと強調した。

　総合的な学習の時間により、日本人教師たちは開発教育に取り組む機会が与えられ、援助国としての日本が果たすべき役割[9]や発展途上国への支援[10]について生徒たちに考えさせることができた。JICAのような政府後援の開発支援計画に加え、これまでの10年間、日本のNPO／NGOの役割も大きく拡大してきた。日本では日本人と在日外国人との間の異文化間理解を推進するための団体が結成されてきた。他のNPO／NGOはその活動を拡大し、小規模なプロジェクトに向けての資金集めやボランティアといった形で発展途上国の開発支援に貢献してきた。総合的な学習の時間により、NPO／NGOの第一人者を教室に招き、その活動や専門知識を披露してもらう余地がカリキュラムにできた。以下、そのような活動の一例を取り上げる。

b) 日本のNGOと国際開発：教室での知識の共有化：アジア協会アジア友の会

　大阪府の箕面市立W小学校は、世界中の貧困層への安全な水の供給を目指すローカルNGOであるアジア協会アジア友の会（JAFS）[11]と協力して当授業を計画し、実施した。NGOの訪問を前に、児童たちは図書館やインターネット検索に相当な時間を費やし、インドの学校生活、気候、動物、土地面積、スポーツ、行事、食文化、家具、音楽、イギリスの管轄下時代の歴史、独立闘争、そしてガンジーの人生について調べた。

　児童たちはインドのストリートチルドレンの生活など、人的被害や貧困に

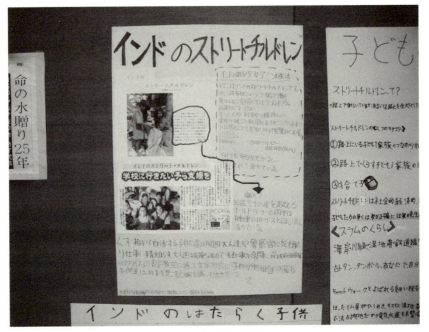

NPO法人の学校訪問

ついても調べた。ストリートチルドレンについての新聞の切り抜きを貼った厚紙を作成した。「インドのある少女アミンの生活」という題名のついた記事には、ニューデリーの駅で乗客が残していった新聞や空き瓶などのゴミ拾いで生計を立てるストリートチルドレンについて書かれていた。彼女はリサイクル業者から1日40ルピーでそれらの物を売り、その日分の食費を稼いでいる。アミンは夜通しカートのそばにいる屋台商人の横で眠りにつくことで身の安全を感じるそうである。もう一つの記事には、絶えず大人や警察に追われ恐怖を感じながらゴミを集めるストリートチルドレンの生活が描かれていた。インドにあるButterflyというNGOが野外教室を設け、子どもたちに読み書きを学ぶ機会を授けていることが記事になっている。

授業は、招待講師の出身、インドの文化の紹介から始まった。スライドに写真を写しながら、講師は生徒たちにインドの地形や有名人（ガンジー）、名

所（タージマハル）、言語などについて話をした。彼女は、インド政府によりベンガル語、グジャラート語、カシミール語を含めた18の言語が公用語となっていることを児童たちに教えた。最も多用されている言語はヒンズー語であるが、英語も一般に使われているそうである。綿やサトウキビなどインドの農産物やUNESCOの世界遺産に登録されているダージリンのトイ・トレインの話もした。さらに、女性が着るサリーと男性用のシェルワニとドーティなどの民俗衣装をはじめ、様々な工芸品を生徒たちに披露した。児童たちがこれらの衣装を試着する機会も設けられた。

続いて、NGOの代表により地球の水源について話がされた。彼女は地球儀を使って地球の約70％が水で覆われていることを説明した。水を満タンに入れた400mlのペットボトルを地球の給水量にたとえながら、人間が生活に使用できる水はこのうちどれくらいか当てるよう児童たちに促した。その微量を生徒たちが目で確かめられるよう、彼女はボトルのキャップに水を数滴流しこみ、地球上の1％未満の水が、人間が使用できるものであることを教えた。

次に、インドの乾燥地帯を児童たちに見せようと、NGOの代表は写真のスライドを流した。彼女はインドには季節が4つある日本と比べ、雨季と乾季の2つしかないのだと説明していった。洪水に見舞われた農村、水田での稲作、水牛で土地を耕す姿や、水壺を頭に乗せ、早朝から村の井戸まで水を汲みに行く母親と娘たちの写真が映された。

インドの農村部に井戸を供給することがJAFSの第一の目的である。終わりに、JAFSの代表は児童たちに農村に井戸を建設することでインドの子どもたちの生活向上に貢献してほしいと激励した。どんな額も小さ過ぎることはなく、両親に寄付に参加するよう声をかけてほしいと呼びかけ、資金の有効利用を児童たちに約束した。

文部科学省はボランティア活動を総合的学習の時間の中心的活動と見なしている。前述した総合的な学習の時間の事例のとおり、その国際的なボランティア体験を語りにJICAとNPO／NGOのボランティア員が教室を訪問し

ていた。結果、生徒たちはボランティア活動に強い興味を抱くようになった――これまで福利を行政サービスに頼ってきた国であったことを考えると、大きな進歩である[12]。

c）日本の国際化の反映としての英語

　最後に紹介する活動を通し、英語学習を総合的な学習の時間の国際理解的要素として検討する。日本の教育委員会は、英語が話せないことは国際理解を育むうえで致命的であると見なしている。ことの是非はさておき、日本は英会話力のなさを恥じているのである。2006年の時点では小学校のレベルでは英語を必修科目としていなかったが、多くの学校では総合的な学習の時間を利用して英会話活動を取り入れていた。以下では、筆者が見学した学校の数校で行われていた英会話への取組事例を紹介する。

　大阪府の高槻市立X小学校は国際理解の研究委嘱校である。当校は英語教育に焦点を当てた研究計画を立てていた。

　2004年11月X小学校の総合的な学習の時間を見学に市役所からの来賓や地域の教育者・保護者が集まったX小学校の教員は、コンテント・ベイスト・アプローチの英語学習を通して地域学習・環境問題・日本文化など、様々な題材を総合的な学習の時間に盛り込んでいた（X小学校、校内研究資料、2004年）。

　小学校3年生では、近所への遠足をした後、それを基に教室内で小さな商店街を作り上げる学習がなされていた。その商店街には文房具店が2店、花屋が2店、八百屋とペットショップがそれぞれ1店並んでいた。子どもたちの商店街を見に来た保護者や来賓の方は商店街を歩きながら商品を眺め購入していった。児童たちはすべてのやり取りを英語で行い、客をあたたかく「May I help you?」と迎え入れた。

　小学校4年生では環境問題のうち、ゴミのリサイクル問題に取り組んでいた。Garbage, garbage, too much garbage. What should we do? What should we do?――このフレーズが繰り返される短い英語のラップを招待講師は授業の

第5章　総合的な学習の時間の国際理解教育的アプローチ　133

英語で環境の勉強：リサイクル

冒頭で流した。絵札を活用しながら、児童たちは cardboard, jars, newspapers, cans, magazines, pet bottles, milk cartons, toys, plastic bags 等、ゴミに関する様々な単語を復習していった。教師の "Is this trash? Can you reuse or recycle this?" という問いかけに対し、児童たちはイエスかノーで答えた。そうすることにより、児童たちは自分たちがゴミだと思っていたもののなかにはリサイクルが可能であるものもあるのだと学ぶことができていた。

　小学校6年生たちは体育館に集まり、日本文化の様々な面を来校者に紹介していた。この授業が取り入れられたのは、児童たちの日本の伝統文化や慣習に関する知識が乏しいと感じられたからであった。児童たちは習字、折り紙、将棋、コマや竹トンボなどの玩具、柔道、伝統衣装、料理（お好み焼き）、そして和太鼓を披露していた。

　X小学校で実施された総合的な学習の時間には、コンテント・ベイスト・アプローチの英語学習に取り組んできたグローブインターナショナルティーチャーズサークル（GITC）[13]に基づいているものもある。GITCは、多様な

文化が存在し、相互依存の関係で成り立っている世界で、地球市民としての責任を果たし、同時に自己の可能性を活かして豊かな人生を送るのに必要な姿勢、知識、技能を学習者に身につけさせることを目的としている。そのカリキュラムは5つのテーマに基づいている：1）人権教育、2）平和教育、3）環境教育、4）異文化間コミュニケーション、5）地域・国別研究である。

GITCのテーマ別学習ユニットにはワード・ゲーム、紙芝居、身体を動かすアクション・ゲーム、作文、テーマチャンツ・ソング、そして発音のワークシートが用意されている。上述した活動に加え、筆者は他にも2つの小学校の総合的な学習の時間で英語活動が実施されているのを見学している。このコンテント・ベイスト・アプローチの英語学習は、全国の学区で支持を集め始めているようだ。

小学校に英語を導入するか否かは何年も日本で議論となっている。神奈川県の横浜・川崎市や東京都の品川区などの学区では、国際理解プログラムを小学校の授業で導入している。児童たちが外国の文化や英語に触れられるよう、在日外国人の非常勤講師が小学校を訪れるのである。多くの場合、講師は英語母語話者ではないものの、授業を英語で行うには問題がないほど堪能であり、母国の文化についても十分語れる。

多くの学区ではこのようなプログラムが推進されていないが、総合的学習の時間の一部を使って英語学習を実施している。総合学習に年間で割り当てられている110時間のうち20時間未満を費やするところがほとんどである。学校によっては日本人の担任が英語の授業を実施しているところもある。

しかし、総合的な学習の時間の大部分を英語活動に当てる区もある。たとえば、(前述した) 群馬県大泉町の小学校においては、3年生から6年生は全員年間35時間の英語活動に参加する。学年度を通して英語の授業が毎週1時間設けられているということになる——講師が同じ生徒と顔を合わせる機会が1ヶ月に1回しかない国際理解プログラムが多いことを考慮すると、目を見張るような成果である。

良くも悪くも、英語は国際語としてあがめられている。Tsuneyoshi (2005)

が英語化を国際化と称するように、日本の教育委員会は日本を国際化する手段として、英語教育の向上を推進してきた。多文化共生を支持し、このような取り組みは日本国内の民俗的多様性を無視していると批判する意見があるが（田淵、1987）、小学校への英語教育の導入を支持する声は後を絶たない。

　Aspinall（2003）は、国際理解のための英語学習のうち、外国の文化を学ぶことを主眼としたものは、カリキュラムから外すべきであると主張している。むしろ、日本のことを英語で語れる力を意識するべきであると。上述したGITCの取り組みから、英語学習に対し今までとは異なるアプローチをとる学校が増え始めていることが窺がえる。X小学校の児童は、日本の文化を語り、リサイクルなどの環境問題について学ぶ媒体として英語を使っていた。教員は総合的な学習の時間を利用して、簡単な英語での挨拶や外国文化の学習という枠を越えて、コンテント・ベイスト・アプローチの英語学習を実践している——これは全国的にも広がっているようである。

3　まとめ

　この章では、総合的な学習の時間を利用し、国際理解教育を導入した授業活動を取り上げた。上述した学習活動は小学校、中学校、高校で実践されていた。その方法は様々であった——1) 外国人との交流、2) 生徒の研究発表と日中関係についてのディベート、3) 世界の発達支援におけるJICAと日本のNPO／NGOの役割、4) 国際化時代の道具として学ぶ英語教育。

　日本国民としてのアイデンティティと国際社会における日本の立場——総合的な学習の時間は、両者のバランスをとる難しさを反映している。日本での立場が常に明確で安定している外国人留学生たちは、一時的な訪問者として学校に招かれた。生徒たちは中国との文化的・政治的な繋がりと、そこにある不安定な状態に難色を示した。援助国としての日本の役割を学びつつも、生徒たちはなぜ日本が国際社会で完全な信頼を勝ち取っていないのか、疑問に思っていた。そして、英会話力に関してはなかなか実らず、他のアジア諸

国にますます遅れをとっている日本——国際貿易・国際競争の世界において不利な条件を負っているようである。

注

1 国連の世界人権宣第 26 条 2 項には、「教育は、人格の完全な発展並びに人権及び基本的自由の尊重の教科を目的としなければならない。教育は、すべての国……の相互間の理解、寛容及び友好関係を増進し、かつ、平和の維持のため、国際連合の活動を促進するものでなければならない」とある。世界人権宣言の日本語訳は国際連合人権高等弁務官事務所のサイトを参照：http://www.ohchr.org/EN/UDHR/Pages/Language.aspx?LangID=jpn
2 教育基本法（1947 年）前文には「我々日本国民は、たゆまぬ努力によって築いてきた民主的で文化的な国家を更に発展させるとともに、世界の平和と人類の福祉の向上に貢献することを願うものである」とある。
3 中央教育審議会については、本書の第1章を参照。
4 JET では約 4,000 人の男女青年が小学校・中学校や高等学校の外国語指導、特に英語の助手（ALT）や地域で交流活動をする国際交流員（CIR）、そしてスポーツで交流を行うスポーツ国際交流員（SEA）として海外に行く。
5 中島（1988）は、臨時教育審議会の「日本の公立校は外国人生徒の受け入れ経験に乏しい」との報告に対し異議を唱えている。事実、当時の時点ではすでに 1 万人以上の、在日韓国人を中心としたいわゆる「外国人児童・生徒」が日本で教育を受けていた。また中島は在日韓国・朝鮮人の児童生徒たちが特別な教育支援が必要な「外国人児童・生徒」として認識されなかったことに注目し、教育が文化の認識よりも「同化（assimilation）」を推進する手段となっていたことを指摘している。詳細は次の文献を参照：中島智子（1988）.『国内理解』と『国際理解』」『異文化間教育』2, 58-67.
6 中学校の場合はこの数字よりも低かった（39.4%）。詳しくは次の文献を参照：Japanese Ministry of Education. *Japan Education at a Glance*, 2005. http://www.mext.go.jp/english/statist/05101901.htm
7 David L. McConnell, *Importing Diversity: Inside Japan's JET Program*（Berkeley, CA: University of California Press, 2000）.
8 Tsuneyoshi（2005）は関西外国語大学をはじめとする私立大学では 1970 年代初期から短期英語プログラムを設けていたことを指摘している。東京大学などの国立大学は 1990 年代中ごろになるまでこのようなプログラムを提供していなかった（Tsuneyoshi, 2005）。
9 2012 年の日本の ODA 実績は支出純額ベースで約 106 億ドルとなり、世界第 5 位の拠出国となった。詳細は、外務省国際協力政府開発援助 ODA ホームページを参照：http://www.mofa.go.jp/mofaj/gaiko/oda/index.html
10 田中もこのような総合学習のアプローチを支持している。詳しくは次の資料を参照：

田中治彦 (1998).「総合学習と開発教育　教育課程審議会答申に寄せて」『開発教育』38(8), 3-11.

11　次のサイトを参照：http://www.jafs.or.jp/index_e.html

12　日本には約2万のNPO／NGO団体が存在しており、毎月400の新しい団体が新たに設立されている。特定非営利活動促進法（1998年）の制定により認証申請手続きが簡素化され、日本のNPO／NGOの団体数は劇的に増加した。詳細は、次の文献を参照：Jeff Kingston, "Building Civil Society: NPOs and Judicial Reform," in *Japan's Quiet Transformation: Social Change and Civil Society in the 21st Century*, ed. Jeff Kingston (London and New York: Routledge Curzon, 2004).

13　Globe International Teachers Circle（GITC）は2004年4月に解散したが、テーマ別教材などはBell Works（http://www.bell-works.com）で取り扱っている。

第6章 結　論

　序論でも述べたとおり、本研究の目的は、日本人教師がどのようにして総合的な学習の時間を通し、差異の諸側面に対し、生徒たちの関心を向けさせているのかを検討することであった。与えられた自由をどのように活用し、地域への親近感と国際社会における責任感が交差する、グローカルな学習活動に生徒たちを参加させているのかが、本研究から明らかになった。具体的には、4つのアプローチを確認した：1）地域学習的アプローチ、2）人権教育的アプローチ、3）多文化共生的アプローチ、4）国際理解教育的アプローチ。生徒たちに様々な形で「違い」について考えさせようとする教師の努力がうかがえる。学習を通し生徒たちは、自尊心を発達させ、他者の考えや感情を尊重し、日本と世界における差別や不正を考察し、自分たちの地域社会にある多様性に気づき、異文化に対し寛容となり、共生する姿勢を学び、世界において日本が果たすべき役割、そして日本人・世界市民としての責任について、考えることができた。

1）総合的な学習の時間を通して考える「Dimensions of Difference：差異の諸側面」

a）地域学習アプローチ

　地域学習的アプローチでは「差異」がはっきり見えないとはいえ、そこにあることは歴然としている。第二次大戦後に発展した社会科の学習は人間と人間、また人間と自然や制度的環境との関係に重点を置く（谷口、2005）。このコンセプトを基盤とした地域学習型の教育は子どもたちに地域の人物や事

前環境を発見する機会を与えている。フィールド調査を行うなか、総合的学習の授業で最も一般的だったのもこのアプローチであった。本研究で示してきたとおり、生徒たちは地元地域の地図を作成し、両親や来賓のために地元ツアーを企画し、地元の実業家や芸術家について調べていくなかで地域の人的資材を発掘し、その人材を教室に招き専門知識を共有してもらい、自分たちの身近にある自然や歴史の遺産も探究していた。校庭に伝統的な村まで再現した小学校もあった。この過程を通し生徒たちは校舎の壁を超え、出会ったことのなかった人物から貴重な学びを得て教室に戻ってきていた。時には地元に住む外国人との触れ合いもあるにはあったが、この型の総合学習は生徒たちの社会的・物質的世界を徐々に広げることで差異の諸側面を発見させる一歩としていた。

b）人権教育的アプローチ

人権教育的アプローチには、地元地域の伝統に比重を置いた大阪の教育政策と実践が反映されており、筆者が視察した大阪の学校は多くがこのアプローチを用いた総合的な学習の時間を行っていた。同和地区出身者が直面し続けている苦難を認識した大阪の教員は、差別や機会の欠如から生じる劣等感を生徒たちが克服できるよう、命の教育の要素を総合的な学習の時間に取り入れた。いじめ問題においては、他人の考えや感情を尊重する心を育む貴重な機会が設けられていた。同和地区出身者、障がい者、ホームレスの苦闘に思いをめぐらせるにつれ、生徒たちは現代社会が抱える偏見や差別の問題と向き合っていった。

また、総合的な学習の時間がきっかけで、人権教育が大阪の大都市を越えた地域でも広く展開されるようになったことも留意するべきである。東京や群馬の学校では地元の医療専門家たちと協力して生命についての授業を行っており、ジェントルハートプロジェクト（NPO法人）はいじめについての講演を全国で展開している。

c）多文化共生的アプローチ

　多文化共生的アプローチは、生徒たちが公共の場で「文化的」他者と共存することを学ぶ一助となっていた。人口変動や移民により、日本を構成する民族も変化してきた——グローバリゼーションにより、「国家」の定義が揺れ動いているのである。日本はもはやこの現実を無視することはできない。多文化共存的アプローチを用いた授業があるということは、生徒たちがこのようなビジョンを抱けるよう、総合的な学習の時間を活用している教師が少なくともいるということである。

　第4章で取り上げたように、韓国・朝鮮人、ブラジル人、中国・インドシナ人の生徒が通う学校では、総合的な学習の時間を用いて、多文化共生に取り組んでいた。海外に移住した日本人や日本の外国人移民の歴史について調べ、地域の多民族性を称賛する文化祭を企画・参加し、在日外国人と対談し、中国残留邦人やインドシナ難民から来日するきっかけとなった戦争の苦しい体験を聞くことにより、生徒たちは地元地域の民俗的多様性について考えていた。

d）国際理解教育的アプローチ

　国際理解教育的アプローチを用いた総合的な学習の時間では世界に対して、また、日本の国際社会における立場に対して、生徒たちが抱いてきたイメージを覆すような内容が導入されていた。生徒たちは来日者と交流し、日本文化に対する外国文化の影響力について学び、隣国中国との関係についてディベートを展開していた。また、JICAやNPO／NGOの活躍を通して国際社会の発展に寄与する援助大国日本の役割についても考察していた。

　総じて、本研究で説明した総合的な学習の時間の活動はいじめ、差別と不正、民族の多様性、世界の貧困と紛争など、ローカル及びグローバルな問題に対する生徒の探究心を呼び覚ました。最後に、環境や文化をテーマに生徒たちは英語でのコミュニケーション能力を向上させていた。総合的な学習の時間で実施されたこれらの学習活動を通し、生徒たちは自国が果たすべき先

導的役割や日本市民としての責務について考える機会が多く与えられた。

2）中高における総合的な学習の時間

小学校が全面的に総合的な学習の時間を受けいれていた傍ら、筆者が訪れた中学校の多くはより懐疑的な見方を持っていた。たしかに中高においても興味深いアプローチ法をとる学校もあった。しかし、筆者が対談した多くの管理職は、「教員の多くは総合的な学習の時間に対しあまり乗り気ではない」と意見していた。ある学校の校長はインタビューの際、生徒たちの多くはすでに塾通いをしており、「公立では高校受験に備えられない」、「公立離れする親の数は、ゆとり教育によってますます増えるだろう」[1]と、言及していた。生徒が合格する高校によって自分たちに対する評価が決まることを、中学校の教員たちは知っているのである。どうやら、入試試験制度は、日本の教育に暗い影をいまだに落としており、総合的な学習の時間に対する熱意を多くの中学校からそぐ原因となっているようである。

高校の場合、総合的学習の形式はその学校に対する相対的な評価に大きく左右されていた。概して、最もダイナミックな手法で総合的な学習の時間に取り組む高校は教育水準が下位にあり、福祉に重点を置く高校が多かった。しかし、例外もある――本研究で2度取り上げた大阪府のK高校は府でも偏差値が上位2校に入る高校でありながら、独創的な総合的な学習の時間を実施していた。ただ、傾向としては高校においても大学入試に重点を置く高校であればあるほど、ダイナミックな総合的な学習の時間を行わないようである。ある高校の管理職はこの状況を嘆き、進学校の生徒に比べ自分の高校に通う生徒たちは高校生活を楽しんでいたとしても、進路は狭まれているのだと、口にしていた[2]。

3）脱中央化・教育的自律性と総合的な学習の時間

総合的な学習の時間は、カリキュラムを作成する意思決定プロセスの脱中央化を図る取り組みであり、これにより教員は生徒たちにとって重要だと思

う事項を教育活動に盛り込む自由ができた。しかし、この政策の強みである脱中央化と自律性は同時に弱みでもある。日本は全国的に民族が多様な国ではない。外国人は主要都市に集中する傾向があり、外国人留学生や英語教師が全国にいるといえども、彼らは長期にわたり日本に滞在するわけではなく一時的な訪問者にすぎない。結果、地方にある学校では本研究で記した学習活動は実践できないように思われる。文部科学省は75％の小学校が総合的な学習の時間を使って国際理解教育を行っていると発表しているが、地方にある学校ではおそらく英語学習が中心になっているのではないだろうか。

　たしかに、国際社会で日本が競争し、他国と共同していくためには、英語学習は間違いなく重要ある。しかし、英語学習の導入は現在総合的な学習の時間が扱うことができている地域や人権、多文化共生、国際理解といったテーマから遠のいてしまうおそれがある。日本の学者も長期にわたり英語力と西洋文化を強調する国際理解は日本とアジア近隣諸国だけでなく在日コリアンなどのマイノリティ・グループとの関係に悪影響を及ぼすと批判してきた。英語が小学校で学ばれるようになった今、これまでのようにアジア近隣諸国をはじめ、世界と日本との繋がりに焦点を当てながら、人権・多文化共生・国際理解にも取り組んでもらうことを願う。

4）重要化する市民社会の役割：
日本のNGO／NPOと総合的な学習の時間

　日本の教育過程における市民社会の役割が増加したことが、総合的な学習の時間が生み出した最も重要な産物かもしれない。本研究で紹介した学習活動からもわかるように、教員は外部の医療専門家や外国人、JICAや日本のNPO／NGOを活用していた。こうすることにより、生徒たちは校外から——専門的知識を身につけ、熱意を持ってその専門性を共有してくれるスペシャリストから——学ぶ機会に恵まれていた。総合的な学習の時間の主な目的は、地域に開かれた学校づくりをすることであり、スペシャリストを教室に招き、学校の枠を超えた学習を生徒たちに提供することである。これらの取り組み

はすべて、生徒に市民社会との接点を築くきっかけを与えており、学校と地域社会、地域社会と国家、そして国家と世界の間の溝を埋めている。このアプローチにより、生徒たちの学習方法は抜本的に変わった——日本の学校は、地域社会から隔離された学校王国である（Sato, 1998）との非難を打開するきっかけをつくっている。

5）総合的な学習の時間からの予期せぬ産物：教授法の変化

　ゆとり教育と総合的な学習の時間は、教師の教え方に抜本的な変化をもたらしたと述べたが、これには相当の理由がある。総合的な学習の時間の導入は、グローバルかつローカルな学習に必要な時間をカリキュラム上につくり、教員にも自治権を与えた。学校や教員がこの目的のために総合的な学習の時間を活用している事例は多く、地域や人権、多文化共生、国際理解を促進する学習活動に注目が集まっている。総合的な学習の時間があることで、生徒たちの自立した探究活動を許容する裁量が教員にできた。教員たちは卒業した生徒たちが地元地域とその外の世界に目を向けていくことを期待している。自分で探究し、研究を進める自律心が、今まで以上に育まれているのである。

　見方を変えれば、生徒たちは知識を自分たちのものにしているのだといえよう。調べもの学習やインタビュー、実体験を通して情報を収集するなか、生徒たちはその分野のエキスパートとなっていた。そして個人または小さなグループ単位で発表することにより、その専門知識を教師や同輩とともに共有していた。中国の反日運動などについてディベートを重ねてもいた。ますます多様化する日本の民族構成と、国際社会において変化し続ける日本の役割に目を向けていたのである。担当の教師たちとインタビューを重ね、生徒たちが書いた総合的な学習の時間の感想文に目を通すにつれ、自分たちとは異なる視点を考慮しながら違いを受け入れ、国際社会のリーダーとしての役割を受け入れようとする生徒たちの柔軟性が見えてきた。

6）多文化主義に向けて学ぶ？　日本社会への意義

　ある意味で、本研究の包括的目標は日本が多文化社会に向けて学ぼうとしているのかを調査することにあった。本研究の教員たちは、カリキュラムの改革により得られた余地を活用し、生徒たちに社会が変革するなかで直面する課題や可能性を探究させていた。社会の変革は国家にとって不安なものであるものの、それは同時に避けがたいものでもある。Popkewitz（2000）は新しい国家の物語を描くためには、古いアイデンティティを解体する必要があると指摘している。本研究で記した総合的な学習の時間への4つのアプローチ法には、生徒たちに国家の新しい物語づくりに参画する機会を与えようとする教師たちにの組織的な教育過程が反映されている——それは、無限大の可能性とまだ見ぬ不確かな世界が広がる国際化の時代を生きるために必要なことなのである。

　「日本や他国のマイノリティや外国人が直面する困難や、障がい者・高齢者の生活、そして戦争や飢えに苦しむ世界の子どもたちの生活を含め、生徒たちに日本と世界が直面する深刻な問題について考えさせるのは自分たちなのだ」という義務感と責任感が、少なくとも筆者が対談した教員たちからははっきりと確認できた。筆者が対話した教員たちは日本が多様化してきていることを深く認識しており、国内外で他者と友好的に共存するために必要とされる適切なスキルと態度を生徒たちに身につけさせる必要があると感じていた。筆者が視察した総合的な学習の時間の大多数から、このような教員の姿勢がうかがえた。

　しかし、民族の多様化によりもたらされた国内の変化を世論が歓迎しているわけではない。世論にも反映されているように、日本国内には「多文化主義を受け入れる」ことに対し根強い抵抗があるようである[3]。しかしながら、筆者が訪れた学校の教員たちの多くは、総合的な学習の時間を通して地域、人権、多文化共生、国際理解を主とする教育モデルを発信していこうと真摯な努力を重ねていた。その多大な成果は認められるべきであるが、そこには様々な課題が残されている。

7）構成された自分：総合的学習を通した地域、国家、国際

　振り返ると、ゆとり教育と総合的な学習の時間の歴史は短いものの、様々な示唆を与える取り組みである。本研究の序論でも述べたとおり、「Dimensions of Difference：差異の諸側面」とは、生徒たちが積極的に人間一人ひとりの違いについて考えることができるよう、筆者が対談し、授業を見学させてもらった教員たちが取った様々な教育方法を示す表現である。「集団主義」のままでは、日本は自ら孤立するおそれがある（Finkelstein, 1997）。したがって、Tsuneyoshi（2001）が指摘するとおり、個々人の自由と多様な言動を受け入れることが、日本における教育の課題である。本研究を通して主張してきたとおり、カリキュラムのなかにこのような課題を乗り越える機会を生徒に与えたことが「総合的な学習の時間」である——地域という枠に留まることなく、様々な形態の「違い」を受け止める機会を与えたのである。

　総合的な学習の時間は「地域」という次元から、日本社会に存在する差異の諸側面の人権面を探究することに焦点を当てている。多くの場合、いじめ問題は異質なものを蔑視する生徒の傾向性を反映している。同和問題は、国家がかつて作り上げた社会的なカースト構造であり、本質的な偏見を含んでいる。命の教育は生徒、特に同和地区出身者に、人生、社会、そして自己に対し肯定的なイメージを持たせようとする。また、障がい者やホームレスの問題は軽視され、無視されることも少なくない社会問題である。このような地域レベルの問題を人権問題として取り上げることで、「地元地域」に存在する差異に対し見方を改める機会が生徒たちに与えられている。

　「国家」という次元では、多文化共生的アプローチをもって国内の文化的・人種的な多様性と関連する「差異の多面性」に光を当てて探究している。前述したとおり、近年学校や地域における外国人生徒の数は増え続けている。最近では日系ブラジル人が日本に渡ってきたが（90年代以降）、ベトナム戦争以降、インドシナ難民も日本に移り始め、その多くが子どもを日本で生んでいる。同様に、在日コリアンのうちほとんどの子どもが3世、4世として日

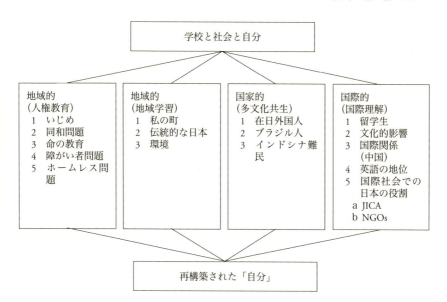

本で生まれている。したがって、このような総合的な学習の時間の活動は日本人生徒に自分たちの国や地元地域にある人種的な多様性に気づかせるだけでなく、民族的なアイデンティティを持った生徒にも自分たちが祖先から受け継ぐ文化的遺産に対して誇りと敬意を持ち、それまでの人生で積み上げてしまったかもしれない社会的な劣等感を乗り越える手助けができる。

　国際的な次元では国際理解教育的アプローチをもって、日本がいかに影響力のある大国になったかを示している。何千という学生が希望する留学先となった日本では、多くの留学生たちが自国や異文化を広めに学校を訪問している。また、学習活動の一環として日本政府や NGO の国際開発、援助への貢献について学習することもある。加えて、生徒たちは日本の文化に対する他国の影響を発見し、今日の政治的・文化的動向を振り返りながら国際関係について考察する機会も与えられている。最後に、総合的な学習の時間の活動内容として、英語活動を取り入れている学校が多くある。これは英語が国際言語として、なかんずく、西欧人だけでなく隣国のアジア人ともコミュニケーションがとれるツールとして認識されていることを物語っている。これ

らの活動を通し、現実世界で起きている変化を体験した生徒たちは、世界的な視点から自国のアイデンティティを、また世界中の福祉に対する日本の貢献についてじっくり考えることができるのである。

　結論すると、地域、人権、多文化共生、国際理解に関する問題を取り上げた総合的な学習の時間の諸活動を通し、生徒たちは地域的、国家的、国際的な要素を基盤に自分たちのアイデンティティを再構築する機会を得ているのである。生徒たちがこの地域的、国家的、国際的な次元で差異の諸側面について探究するなかで、地元地域にある人権問題に応え、国内・地域における人種の多様性を認識し、理解し、グローバル社会における自国の役割についてより深い理解と眼識を持つ自己に成り代わることが期待される。

8）社会構成主義

　教育は、私たちの認識論、つまり、知識に対する見解の表れでもあるが、それは生徒たちへの教え方に多大な影響を与えている——もちろん、私たちが教師として生徒たちに提供する活動内容も例外ではない。言い換えれば、生徒たちがどのような教授法を通して学ぶのかを決定するのは私たちの認識論なのである。

　これまで述べてきた総合的な学習の時間における活動は社会構成主義の理論に基づいた指導法と学習法である。その名のとおり、この理論は「知識は社会的に構築される」という前提に立っている。社会構成主義の考え方では、知識は教師から生徒に伝達されるものではなく意味構成プロセスであると捉えている。Bruner（1961）は、学習能力や問題解決能力はある事象を探究するなかで出てくると考えた。したがって、学習はモノや事実ではなく活動に焦点を置くべきであり、子どもたちの自立心を促す内省的な活動を中心にするべきなのだという（Shotter, 1995）。Gergen（1995）は様々な社会プロセスのなかで意味が構築されていくことに注目し、知識の構造は実世界を中心に起きていると主張している。さらに、Hullfish and Smith（1961）によれば、知識の構造化とは個人特有の学びの過程なのであり、これこそが社会構成主義に

基づく教育法の強みなのであるとも強調している。

　研究者の間では、Deweyも社会構成主義を代表する一人と見なされている。Dewey（1997）は教育と経験は密接な関係がある、との見解を示していることから経験主義教育のルーツであるとされている。著書『経験と教育』において、Deweyは、すべての経験は社会的であり、人との出会いや会話が必ずそこにはあることを強調している。ゆえに、コミュニティが基盤となる物理上、歴史上、経済上、また職業上の活動に参加させることによって生徒たちを成長へと導く教育経験を模索することが、教師の責務であると主張している。Deweyの著作『私の教育学的信条』（*My Pedagogic Creed*, 1897）には、「子どもは、自身の置かれた社会的状況のなかで様々な要求を持つようになる。そこから彼らの諸能力が刺激されることを通してのみ、真の教育は達成される」と述べられている（Archimbault, 1964）。Deweyによれば、教育は社会的なプロセスであり、将来の生活に向け備えるものではなくあくまでも生活の一部なのである。

9）教授法としての社会構成主義

　教育方法論という観点から見た場合、社会構成主義で展開される教育では、教師をコーディネーターや支援者、アドバイザーとして捉える。このような教育論のもとでは、生徒が主体となってカリキュラムを構築する対話に参画することが求められる。そうすることにより、生徒は自分自身の学びを管理し、しいては学習する過程で方向転換し、工夫する能力を身につけることができるのである。

　社会構成主義的な教育方法において、生徒と教員間の交流は必要不可欠なものである。人は、知識処理をする機械などではない。むしろ、人は社会的な交流を通して学ぶのである。こうした考えが、生徒たちを対話に参画させる。そして、他者と相互に交流した結果として学びが得られるのである。Bruffee（1998）によれば、人は他者と関わり、相手の意見に耳を貸し、その見解をクリティカルに考察することで学ぶことができる。このような過程を通

し、生徒たちは現実を様々な角度から解釈し、あらゆる形の真実を受け入れることができるようになるのである。

　社会構成主義的な教育の概念からすると、「意味」とは社会的な関わりのなかで見出されるものである。したがって、その「意味」が人や地域、国家や世界との関連を欠くことがないよう、様々な状態を創り出すことが教育プロセスとなる。言い換えれば、教育は一種の地域活動であるべきなのである。生徒たちを取り巻く歴史的、文化的、経済的状況を反映する地域組織との交流を図り、まずは地元地域のことから始め、徐々に視点を国家や世界へと広げるべきなのである（Gergen, 1995）。Hullfish and Smith（1961）は自分たちが置かれている社会的、物理的環境に対し生徒たちが敏感になり、その環境についてより反省的に思考できるようにすることが、教育において必要不可欠であると強く主張している。この教育アプローチは社会の諸条件を改善し、問題を解決することを主とする。学校内外の友達や大人と対話する中で、生徒は「意味」を交渉する――「意味」は、学びの過程で転換し、編成される。同様に、社会構成主義のもとでは生徒と教師で地域や国家、世界と有機的に関わり合いながら目の前の現実的な課題に対し何らかの解決策を下す教育活動が奨励されている。このような方法で学ぶ場を創造することは、対話の輪を教室の外へと広げ、ひいては、社会により密接した学びへと繋がることが期待される。協同的な学びを通し、生徒たちは一つの物ごとを様々な視点から解釈ができるようになる。彼らは事実上自立した社会的活動家として成長するのである。現実に対する無数の見解を、すべて事実として認められるようになるのだ。

　本研究で取り上げた総合的な学習の時間は、この社会構成主義の教育原理を具現化しているといえないだろうか。この点について、もしそうであるといえるならどのような形で教育原理が実践されているのかを、以下で検討する。

10) 解説：ゆとり教育と総合的な学習の時間：政治と政策について

　第1章でも触れたとおり、2002年にゆとり教育と総合的な学習の時間が導入されて以降、学者、政治家、教育者の間でその課題や効果について多くの議論が展開されてきた。この議論に加え、特に PISA テストの結果がゆとり教育と関係している可能性については、日本の各紙がそれぞれ独自の見解を示してきた。これらの物議やマスコミの報道は保護者に「ゆとり教育は失敗したのだ」と強く思わせるものであった。

　このような懸念が続くなか、2006年末、当時の安倍晋三内閣総理大臣の指揮下で教育再生会議が設置された。同会議は、2007年1月から2008年1月にかけての1年間の間で4通の報告書を発行した。報告では、21世紀の国際社会は激しい競争が展開される知識基盤社会であり、その挑戦に対応しうる日本人学習者の養成が必須であることが強調されている（教育再生会議、2008）。様々な提言が掲げられているなかでも、「『ゆとり教育』を見直し、授業時数を増加する。夏休みや土曜日の活用など弾力的な時間設定で基礎学力の向上を図る」（教育再生会議、2008: 2）との項目がゆとり教育に対する率直な反応を示しているようだ。当会議の提言を受け、2011年度から実施された新学習指導要領のもとでは主要科目（社会、理科、算数、国語、体育）の学習内容が1割増しにされた。この改訂に伴い、全国規模で教科書が書き直され、授業の時間割も調整された。

　しかし、これらの議論が時の経過とともにどう展開したのかを理解するためには10年間以上、対立する政治勢力が互いにどのような主張を主にしてきたのかを考慮する必要がある。

　ゆとり教育と総合的な学習の時間の枠組みを提示した学習指導要領が1998年に発行されるやいなや、その文面のインクが乾いたころには改革に対する論争が始まっていた。本研究でこれらの論争のすべてを詳細に取り上げることは検討の範囲外ではある。しかし、ゆとり教育に関する肯定側と否定側の主な主張を列挙し、時とともにこれらの批評がどのように繰り広げられたのかを検討することは有益であろう。

ゆとり教育の開始から間もなく、改革は学力低下を招くと想定した数多くの教育研究者から批判が巻き起こった。その先駆的教育書のなかには（岡部・戸瀬・西村、1999）、大学生が分数の計算をもはやできなくなったことが指摘されている。研究者たちは文部科学省に対し大学入試において数学受験を避けられる制度を導入したことに異議を唱えた一方、算数の授業内容を3割減らせば学力不足は一層深刻化すると主張した。1999年の春から夏にかけ、日本の大手新聞社は若者の学力低下を取り上げた。1999年3月26日付けの週刊朝日記事「東大、京大生も『学力崩壊』」もその一つである。記事には1981年から1999年における数学テスト結果を通し大学入試受験者の学力低下について報じている。

2000年に刊行した大森の著作『「ゆとり教育」亡国論』では、題名のとおりゆとり教育が今後国の経済及び学力に悲惨な結末を招くと警鐘を鳴らしている。著書のなかで大森（2000）は、難関校に入学することは有名大学への入学や安定した職を得るための確実な足掛かりとなるため、かつての入試試験は学生の学ぶ意欲をかきたてるものであったと主張している。しかし経済が成熟し学生の人数が減るにつれ、入学試験は外発的な動機づけとしては効果が薄れてきている。大森（2000）は知性が創造性や個性の犠牲にならなくてはいけないと思いこむ必要はないと強く訴えている。

また、苅谷も資本主義の観点からゆとり教育を批判している。朝日新聞（1999年1月11日付け）の記事では苅谷と同僚との共同研究の結果が報告され、授業外における学習時間が著しく減少していることが判明した。調査によれば、授業外でまったく勉強しないと答えた学生の割合が1979年には22％だったものの、1997年には35％までに上がった。苅谷はこのような状況を「インセンティブ・ディバイド（incentive divide：意欲の格差拡大）」と呼び、ゆとり教育を続行すれば日本社会の階層化はさらに促進すると主張した。都市部に住む中間階層の家庭が公立ではなく私立に進学する一方、学習内容を3割削減した学校では入試の内容が網羅できないため地方では学習塾にかかる費用がかさむのではないかと、苅谷は懸念を示している。

また、苅谷と同様に佐藤（2000）も自ら名づけた「『学び』からの逃走」という事態について意見を述べている。佐藤によれば、学力に加え授業外での学習時間及び読書量も減っており、学校が嫌いな子どもの数は増加傾向にある。全体のうち意欲をもって学習しているのは3割程度であり、残り7割の子どもたちは学ぶことから逃走していると見積もっている。大森が抗議したように佐藤も1960年代から90年代までの高度経済成長が社会的流動性、つまりより高い社会的地位を獲得できる可能性を生み出したことに注目し、学歴を得ることで就職を勝ち取ることが生徒のモチベーションになっていたと主張している。しかし、90年代に経済が後退して以降、終身雇用制度下での社会的地位の獲得は見込めなくなってきた。こうして生徒側もエリート大学に入学しようと一生懸命勉学に励むことがなくなった。この記事で佐藤（2000）はゆとり教育に変わる政策目的を提案している。授業の学習内容を3割減らし、大学入試の科目選択制にするなど様々な改革が教育の責任を国から各家庭へとシフトする新保守主義的な政策であると非難した。
　一方、ゆとり教育が学力低下を引き起こすとの主張に対抗する進歩的教育者の集まりも同時期に現れた。6人の研究者たちの主張をまとめた『「学力低下」批判』（長尾他、2002）もその一著である。以下、そのうち2人の主張を要約する。

　　長尾（2002a）は上述した学力低下の論争に対し反論を唱えている。長尾はまず西村（岡部・戸瀬・西村、1999）と大森（2000）が国の経済的利益や利潤を土台に議論を展開し、ゆとり教育が学力低下を促進すると予想していることを指摘している。西村も大森も日本経済の成功は高い知力を基盤とした技術の発展によって達成したものと主張している。しかし、両者は教育が本質と注目するべき個人の選択の自由や生徒のニーズへの対応などを無視している。西村の主張通り大学生が分数の問題を解けないのであればそのような学生も入学できるよう入試制度を見直すべきなのかもしれない（長尾、2002b）。リメディアル教室を設けることも一

つの手段であると長尾（2002b）は提案している。さらに苅谷（1999）や佐藤（2000）の主張に関してはその社会的、政治的な意味合いに焦点を当て分析している。長尾によれば佐藤は「『学び』からの逃避」問題を、国民に対する公の説明責任（アカウンタビリティ）が追及されずより個人に教育の責任を課す新保守主義者に押し付けている。苅谷の場合もまた、ゆとり教育をはじめとする最近の教育改革が「公益」から「個人が責任を負う」教育制度であると想定しているからこそ、経済的にも文化的にも環境が恵まれた生徒がより利益を得る一方、そのような環境が整っていない子どもが後れをとると主張しているのだ。（長尾、2002a）

　志水（2002）は現代社会において学力を従来のように読み、書き、そろばんと定義することはあまりにも狭義な捉え方であると指摘している。生徒たちには今コンピューター・リテラシーや異文化リテラシーといったスキルが求められている。このような新しい学力観は1992年の学習指導要領で初めて登場した。2001年、志水は学力の調査を目的に大阪市で子どもたちにテストを実施した。内容は1989年に実施したものと同じものであった。再テストの結果、著しい学力の低下が明らかになった。小学校5年生の国語の点数は11.5点下がり（80.6点から69.1点）、同学年の算数も7.3点（78.8点から71.5点）落ちた。中学2年生の点数も国語で4.1点、数学で5.1点下がっていた。さらに、この調査で点数の分布が「ふたこぶラクダ化」していること、ひいては子どもたちが「できる」子と「できない」子にはっきりと分裂してしまっている事態が判明した。特筆すべきは、この再テストが2001年、つまりゆとり教育と総合的な学習の時間が導入される1年前に実施されたことである。換言すれば、学力低下はゆとり改革以前から起きていたと考えられるのである[4]。
　こうした教育改革に関する議論には教員側の視点が大抵含まれていない。筆者は訪問した先で、総合的な学習の時間をデザインし、導入し、評価をする担い手である校長や教員と対話するよう努めた。以下、長期にわたりゆとり教育や総合的な学習の時間に対する教員の姿勢や反応を調査した追加研究

の際に実施したインタビューの内容をいくつかまとめる。

2003年、筆者がワシントンDC日米協会からの奨学金を得てはじめのパイロットスタディを行った当時は、多くの教育者が文部科学省より十分な指導も研修も受けていないと不満を抱えていた。文部科学省の指導資料には総合的な学習の時間の活動として環境教育、保健福祉、国際理解などが挙げられていた。しかし、改革の「脱中央化」の方針に則り文部科学省は教員に自分たちの地元地域に関連した活動を自ら工夫し設けるよう奨励した。さらに、筆者はこのころ、傾向性として小学校側は総合的な学習の時間を積極的に受け入れているのに対し、中学校側は消極的だった印象を受けた。ある中学校教師が「私たち教員は高校の入試対策をどこまでできたかで評価されるのです」[5]と筆者に打ち明けたとおり、総合的な学習の時間よりも試験対策が優先されることがうかがえる。2004年秋に関西で開催された研究会でも、ある地方の大学教授が「中学校の教員は総合的な学習の時間がなくなるよう腕を組んで待っているようだった」と意見を述べていた。

筆者がインタビューをした多くの教育関係者が総合的な学習の時間に対して肯定的な意見を持っていた。ただ、興味深いことに例外もいくつかあった。改革を支持する教員は、地元地域との交流や探究学習を進められるとカリキュラムの柔軟化を歓迎した。筆者が会見したある小学校の校長は、次のように述べた。

> もし学力が暗記力以上の力であると私たちが仮定しているならば、それは一体何なのでしょうか。情報を要約し、人とコミュニケーションをとり、課題を発見する力なのではないでしょうか。これらすべての力を学力の一部として認識するべきです。また、生きる力とはテストの点数という次元を超えた学びのことを指します。様々な社会問題について考えることで子供たちは生きる力を身に付けていくのです。[6]

インタビューを行った多くの教員が報道による学力低下に対し否定的であ

り、次のような意見を持っていた。

　　日本の子どもたちの学力低下を批判するのは資本家や実業家で、テストの結果ばかりを気にして授業の実態を見ていない方が大多数です。日本の大学生が算数ができない理由を公立学校の質がわるいからだと結論づけています。保護者のなかにもそういう方がいらっしゃいます。総合的な学習の時間では、子どもたちは物事を深く考えています。批評家のなかには「ただ遊んでいるだけ」と言う方もいますが、そうではないのです。こうした具合で、今は議論がゆとり教育を支持する者としない者の二手に分かれています。[7]

学力低下論争についても以下のようなコメントがあった。

　　私は、学力低下を招いた問題点を一つに絞ることは難しいと思います。今日本では高学歴で卒業しても就職が勝ち取れるとは限りません。今の社会では生きること、前進することを望み、困難に耐え立ち直ることができる人材が重視されています。そういう人が成功を収めるのです。[8]

その一方で、ゆとり教育と総合的な学習の時間に対し懐疑的な見方をする教員は、授業数が削減されると特に算数と国語において学力低下を招くのではないかと懸念していた。Tsuneyoshi（2004）はこのような現象を予期された「危機」(anticipated crisis) という言葉で表現している。インタビューした教員の何人かはこのような見解を共有しており、そのなかの一人は「問題解決能力の基盤は基礎学力である[9]」ため、授業時間数を減らすことは間違っていると述べた。つまり、子どもたちは基礎知識がなければ「自ら課題を見つける」ことはできないと示唆している。

川村（2011）は総合的な学習の時間が導入されてから10年間の間で教師の姿勢がどのように変化したかを調査しており、洞察に富んだ研究を行った。

川村は2004年度と2005年度にアンケート調査を依頼し、2009年度にも再度調査を実施した。小学校約620校、中学校約290校の小学校教師約2,400名と中学校教師約870名に質問紙を配布した。アンケートの結果、特に中学校教師の総合的な学習の時間に対する認識が大きく変わり、取り組みをポジティブに捉えるようになっていることが判明した。情熱をもって積極的に取り組んでいると答えた教師は2004年度の調査結果（82.4%）に対し、2009年度は90.8%に上がっていた。総合的な学習の時間の学習効果に対し不安を持つ教師は47.2%（2004年度）から23.8%（2009年度）に減少していた。さらに、2004年度には総合的な学習の時間を自身が楽しんでいると答えた教師が45.5%だったのに対し2009年度は61.8%にも上った。そして、授業中の自分の役割に困惑している教師も11.5%のみであり、2004年度の24%に比べ割合が減っている。

　ゆとり教育と総合的学習のメリットとデメリットは実際に教壇に立つ教師だけでなく、次に紹介する大学のオンラインホームページにも掲載されているとおり大学生の間でも議論されている[10]。肯定派の立場からはゆとり教育が今の時代の子どもたちには必要であり、一律的で功利的な教育はもはや適切でなくなったことが主張されている。ここでは日本の教育目的が何であったかを歴史を通したどっている。戦後間もない時期は、日本の経済復興を背景に教育の均等化が目指された。しかし、経済が成熟し、一人ひとりのニーズに応えることが求められている現代の日本においてこのような教育モデルは時代に沿わなくなったと当ページでは主張されている。さらに学歴も、行動力や仕事の効率により関心を抱く企業社会においては最重要な事項ではないと訴えている。肯定派は最後にゆとり教育や総合的な学習の時間は教師や学校の裁量を拡大し、子どもたちの生きる力を育てることができると締めくくっている。

　同オンラインページで否定派は、公立学校の授業時間が減った分子どもたちは今空いた時間を塾通いに費やすことになってしまったことに言及し、「子どもたちに時間のゆとりを与える」というゆとり教育の第一の目標は実現

には無理があると主張している。また、授業時間の削減は私立校と公立校の格差にも繋がっていることにも触れている。私立校の多くは土曜授業を実施し、教育熱心な保護者にそれをアピールしてきた。たしかに総合的学習を活用できている学校もあるがそうでない学校もあり、教育の質においても学校間の格差が生じている。否定派はさらにゆとり教育の意義がそもそも全国的に曖昧であることを指摘している。果たして生徒たちはごみを集め、幼稚園生に本を読み聞かせることに意味があるのだろうか。反復練習をせずに算数や国語の力をつけていくことはできるのだろうか。主張の最後に、否定派は政府が「生きる力」の定義を明確にしていない以上、その力を評価することはできないと批判をしている。

　教師の視点に加え、佐藤（2012）は最近生徒の視点からもゆとり教育と総合的な学習の時間を調査している。この調査の興味深い点は、子どもたちが自身を「ゆとり世代」と認識していることである。「ゆとり世代」というレッテルを貼られたこの世代は、自分たち自身をどちらかというとネガティブに評価している。佐藤の調査では、ゆとり世代の子どもたちは授業数と学習内容の削減に伴い自分たちは十分な教育を受けてこなかった、基礎知識に乏しいと考えていることがわかった。そして、インターネットやメディアを介し度々「ゆとり世代」に負のレッテルが貼られることに戸惑いと怒りを隠せないでいることも確認された。子どもたちは自分たちが理不尽に批判され、笑いものにされていると感じていたのである。佐藤はこのような状況が、社会的にも子どもたちに悪影響を与えるのではないかと懸念している。たしかに「ゆとり世代」が日本中でマイナスに見られていない。そのことを確認した上で佐藤は多くの子どもたちがそのレッテルに対し悲観的な見解を示していると報告している。

　保護者側も、声を大にして、ゆとり教育に対する明確な見解を訴えてきた。朝日新聞の 2009 年 5 月の世論調査では、「総合的学習の削減に賛成ですか？」という問いに回答者の 7 割が削減に同意を示した（宮坂、2009）。多くが総合学習では十分な学力を培えないのではと危ぶんでいるのである。結果、公立

校から子どもを転校させる保護者も出てきた（Bjork and Tsuneyoshi, 2005）。

　しかし、ゆとり教育を支持する保護者の声もある。たとえば、潮田（2013）は総合的学習の成功は教師と学校の熱意によると認めているものの、世間が「ゆとり教育は失敗であった」と誤認していることを指摘している。また、潮田はゆとり教育が学力低下の原因であるという仮定自体に疑問を投げかける──社会的な豊かさによる変化なのかもしれない。「ゆとり世代」というレッテルを貼られているが、この世代の子どもたちは決して他の世代に比べ能力が劣っているわけではないことが繰り返し強調されている（潮田、2013）。

　潮田（2013）はさらにジャーナリストである斎藤貴男の著書『機会不平等』（2004）の内容に触れながら、ゆとり教育の定義と目的について考察している。著書のなかで斎藤（2014）は1980年代に教育課程審議会会長を務めた三浦朱門にインタビューをしている。それによれば、三浦元教育課程審議会会長はゆとり教育の真の目的は日本のエリート育成にあったと明かしている。日本の教育は勉強ができる生徒を伸ばすことよりも、ついていけない生徒を落とさないことに重きを置いた平等主義的な教育を実施してきた。元教育課程審議会会長によれば、ゆとり教育は基本を押さえた「できる」生徒に向けた政策であり、基礎レベルで躓いている生徒には合わない。だからこそ、生徒のレベルに応じられるようなカリキュラム構造を組み込むことが必要なのである。三浦元教育課程審議会会長はアメリカをはじめとする欧州諸国が国際的な学力テストで低い点数を記録しているものの、エリート教育に力を入れた結果ビル・ゲイツやスティーブン・ジョブスといった逸材を輩出していることに触れ、日本もそのような教育を模範とするべきであると主張している。

　ゆとり教育と学力低下を結びつけるような報道のうち、最も影響力が大きかったのはOECDのPISAテストの結果を根拠にしたものだ。Takayama（2007）はこれら報道機関による批評や旧文部省・文部科学省の取り組みに対し、的を射た批判を書いている。

　まず、Takayama（2008）は2000年と2003年のPISAの結果を報道する記事を分析している。2000年、日本は数学的リテラシーで1位（557点）、読解力

で8位（522点）、科学的リテラシーで2位（550点）を取った。この結果を受けて読売新聞は日本の15歳青年たちがトップクラスであると称し、他の日刊紙も好意的に報じていた。Takayama（2008）は日本の読解力が8位であったものの、そのことに対し過剰な報道はされていなかったと言及している。また、マスコミは当初「2位（2000年）と8位（2003年）の間に統計上有意義な差はない」とする文部科学省の説明も受け入れている。ひいては、順位が下がった理由は学力低下ではないと報道されているのである。

だがその一方、2003年のPISAテストの結果を「PISAショック」と称する報道もある。日本の順位が数学リテラシーで1位から6位に、読解力で8位から14位に落ちたことを取り上げ、世間一般に対し警鐘を鳴らしたのである。2000年に国立教育政策研究所（National Institute of Educational Research: NIER）が1位の香港と日本の間には統計上差はないのだと説明したが、すぐに否定的な報道に呑み込まれてしまった。Takayama（2008）はさらに世間をパニックに追いやった報道が明らかに伏せていたテストの結果があることを指摘している。まず、朝日新聞は紙面に成績表を掲載しているが、載せている項目は日本の順位が落ちた数学リテラシーと読解力であり、2位として順位を守った科学リテラシーはなぜか表に含まれていない。また、上位15ヶ国の順位のみが掲載されたことにより、40の参加国のうち日本が14位にランクインした事実がわかりにくくなってしまった。さらに、前回参加していなかった2ヶ国（オランダと香港）が日本よりも読解力と数学リテラシーの分野で上位を獲得していたことも伏せられていた。そもそも、参加国が2000年の20から46に増えたことも報じられていなかった。Takayama（2008）はPISAショックが文部科学省、とりわけ当時の中山成彬文部科学大臣によって政治的に推進されたものであると主張している。Steiner-Khamsi（2000, 2003, 2004 as noted in Takayama, 2008）が政策の外在化（policy externalization）と定義しているが、ゆとり教育の廃止や全国学習到達度テストの実施といった論争の的となるような改革を押し進める立役として正当性のあるPISAが利用されたのである。結果、新自由主義政策のもと小さな政府が資金力や運営力を縮小しているなかで、

文部科学省は再度その影響力を誇示することに成功したのである（Takayama, 2008）。

　ゆとり教育と学力低下の関連性を疑問視する声は他にもある。2013年12月20日に、朝日新聞はそれまでの姿勢に対抗するような記事を載せた。記事でのなかで池上（2013）は、OECDが実施したPISAの結果を見てわかるとおり、2002年にゆとり教育が開始した後、日本の順位は2003年に下がった。文部科学省やゆとり教育否定派がPISAの順位が2012年に回復したと主張しているが、これも2012年の脱ゆとり直後である。この結果を受け、読売新聞はこれでようやく学力が復調傾向になったと報じている。

　しかし、この朝日新聞の記事を書いた記者はこのような報道の仕方に疑問を抱いている。まず、PISAの参加国は劇的に増大しているため[11]、競争力も激化しテストの点数に限らず順位が下がってしまった可能性がある。次に、ゆとり教育が2002年までに実施されていなかったのだから、2003年の結果をゆとり教育の影響としてしまうのは乱暴である。当時PISAを受験した15歳の生徒たちがゆとり教育を受けたのはわずか1年であり、残りの8年間は旧ゆとり教育のもとで育っているのである。同様に、脱ゆとりが本格的に開始されたのが2012年なのだから、その直後に実施された2012年のPISAがその恩恵を受けたとは考えられない。この記事（朝日新聞、2013年12月20日）では、2006年、2009年、2012年のPISAで日本の順位が徐々に上がったのは、むしろ総合的な学習の時間の成果であったのではないかと評価している。PISAを受験したのは、総合学習に3年、6年、9年と携わった生徒たちなのである。結論として、「脱ゆとりが学力向上のきっかけとなった」という文部科学省の主張には確固たる根拠がないのである。

　2014年5月9日の記事でも、朝日新聞は学力不振をゆとり教育の弊害と捉えることに否定的な態度を示している[12]。当記事のなかで灘中学校・高等学校校長和田孫博氏はゆとり教育が始まる前の詰め込み教育にも原因があるのではないかと示唆している。加えて、和田校長は近年のPISAに見受けられるような学力の向上はむしろゆとり教育の効果なのかもしれない、とも述べ

ている。

　最後に、このテーマにおいて最も重要であろう元文部科学省官僚で現在は京都造形芸術大学教授である寺脇研の見解に触れないわけにはいかない。寺脇は官僚時代にゆとり教育と総合的な学習の時間を推進した中心人物であり、のちに文部科学省の政策決定を擁護しなくてはならない立場に立った。次に紹介する2件の記事からもわかるとおり、寺脇は今でもゆとり教育をめぐる一連の議論に加わっている。まず、高崎経済大学の教授八木秀次との対談記事[13]で寺脇はゆとり教育の目的が自らの学び、「自ら考える力」にあることをはっきりと述べている。東日本大震災をはじめとする最近の出来事からは、いかに高校生たちが政府の支援がないなかでも率先して救助活動を行えるかが見て取れたと主張した。主観的な所見であることを認めながらも、寺脇は高校生の半分、小中学生の7割から8割が「生きる力」を発揮できていると語った。八木はゆとり教育の目標に感銘を示しながらも、学ぶことを強制し教え込むことも子どもたち、とりわけ低学年には大事であると強く主張した。生徒中心主義な教育方法に賛同していない八木は、アメリカやイギリスの教育を事例にしながら生徒の自主性を重んじる教育制度がすべて成功するわけではないと指摘した。これに対し寺脇は、強制力と教え込みの必要性を認めながらも、子どもたちの「生きる力」を育てるためには生徒中心主義とのバランスを取ることが重要であり、小学校3年生で授業の1割を総合的な学習の時間に当てるのもそこに理由があるのだと説明している。

　寺脇はさらにオンラインフォーラムでも出口汪と対談している[14]。寺脇はまず、「ゆとり」の意味がマスメディアによって歪曲化され、文部科学省の意図とは異なる方向に走ってしまったことを述べている。ゆとり教育とは、知識だけでなく経験も結合することで学校教育と生涯学習の間に懸け橋をかけた教育政策である。ゆとり教育の狙いは「生きる力」の育成であり、これは日本の近代化が終焉しつつある1980年代頃から始まった社会変化に対する政府の対応であった。当時はすでに「成長の限界」がイタリアのシンクタンクからも報告されており、日本もこの限界に備えて検討を重ねていた。こ

うした事態のなか、新しい形の教育を検討することは時に叶っており、必要不可欠でもあった。寺脇と出口はさらに日本の「小さな政府」と「大きな政府」について議論を続けている。寺脇は、鳩山元総理が提唱した「新しい公共」、つまり民間の力の強化について触れ、教育のなかに民間が介入することは絶対に必要であると訴えている。これは、まさに総合的学習を通して達成できることであろう。出口はここで寺脇に脱ゆとりについて尋ねている。ようやく教員が授業を形にし、改革の意義に気づき始めたころになぜ方針が大きく変わってしまったのか。寺脇はこの質問に対し、「政治の責任ですね……ゆとり教育の重要な背景を直視することなく見直しが指示され、文部科学省もそれに動かされていったわけです」（出口、2010）と率直に答えている。さらに、出口は教科書の内容が増えたため、その学習範囲を網羅することに必死である以上、子どもたちの「生きる力」を育成する機会は減ってしまうのではないかと指摘している。寺脇は、教科書の分厚さや授業の長さはあくまでも教育の結果であり、必ずしも学びを促進するわけではないことに賛同を示す。彼はここで具体的な例を出す。教科書には、歌舞伎や著名な日本の芸術家が載っている。しかし、これら伝統芸術は教科書で覚えなくてはならないものなのだろうか。総合的な学習の時間のなかで実際に歌舞伎に触れてみてはどうだろうか。国語に関しても総合学習のなかで、たとえば子どもたちが保育園や高齢者施設に訪れた際にはそのコミュニティの人々とやりとりをしなくてはいけなくなる。このようなコミュニケーションの場を通し、子どもたちはフォーマルな手紙の書き方を学び、公の場でどのように振る舞い、表現し、そこから他者を慈しむ精神も学ぶのである。

11）おわりに

　学術的な論表やマスメディア・インターネット上などの論争を簡単に振り返ってみたが、ゆとり教育の導入、また特に今はその廃止が有効的であるか否かについての議論が続いている。研究者として、教育者として、保護者として、そして日本に在住する者として、過去12年間においてゆとり教育の進

展を興味深く見守ってきた。筆者の調査でも明らかになったとおり、総合的な学習の時間では刺激的な学びが教師によって整えられ、実行される。生徒たちに地元や文化、日本という国家、そして世界規模の課題について深く考える機会を与えることができるのである。最後にこの場を借りて、日本での経験や上述した論争に対する個人的な解釈に基づきながら、筆者個人としての見解を述べておきたいと思う。ゆとり教育や総合学習の是非に関する論争について見解を述べる部分もあるが、より私的で、筆者個人の経験や解釈に関連しているものも含めることとする。

まず、読者にははっきりと筆者の立場を示しておきたい。筆者は「総合的な学習の時間」を支持している。ただ、ここでは「ゆとり教育」と「総合的な学習の時間」は分けて考えたい。両者は普段からよく混同されたまま議論されるが、別々の事柄として扱うべきである。同僚や学生に筆者が総合的な学習の時間とゆとり教育について研究したと伝えれば、おそらくあまり良い反応は示さないであろう。残念なことに、ゆとり教育は自分勝手に行動するための言い訳に使われている。事実、多くの英訳が「ゆとり」を「リラックスする」と誤解を招くような表現をしている。「成長を支える余裕がある教育」と訳したほうがより適切であろう。いずれにせよ、多くの人が「ゆとり」の意味を「リラックスする」、「怠ける」として理解してしまっている。これらはすべて事実であり、「ゆとり」の定義についてはさらなる検証が必要であろう。

もしゆとりが旧来の詰め込み教育に対抗する政策として立案されたのであれば、両者を比較してどちらがより「リラックスする」政策であるかを検討する必要がある。生徒に教師の知識をインプットすることが目的であるため、詰め込み教育は教師中心に行われてきたと解して間違いないであろう。一方、ゆとり（正確には総合的な学習の時間）は生徒中心である。それは、子どもたちは自ら課題を見つけ、書籍やオンライン資料、教室外から情報を集め、教師や先生に自分たちの発見を報告するからである。両者のうちどちらがリラックスできる勉強法なのだろうか、ここで検討させてほしい。

詰め込み教育では、教師が準備を入念に行い、多くの情報を生徒と供給する。ただ、経験を積んだ教員ほど、既存の方法に頼る傾向にあるようだ。言い換えれば、過去の授業が効果的であったと認識しているため、教え方のスタイルや一連の流れに確信を持っているのだ。一方、総合的な学習の時間では授業外での学びが設定される。そのために、教師には徹底的な計画と調整作業が要請される。たとえば、もし6年生の担任教師が校外学習で高齢者の介護施設を訪問する計画を立てたとする。担任教師は、施設の管理者と連絡を取り、到着と出発の時間を調整し、生徒にとって安全で効率的な往復の手段を検討し、高齢者と生徒の双方にとって価値ある活動内容を施設の管理者に相談し、発言や行動の面において生徒たちに必要な訓練を施す。最も難しいことは、生徒一人ひとりの評価方法を用意することであろう。では、改めて問う。詰め込み教育と総合的な学習の時間、どちらがよりリラックスした学びなのだろうか。

　生徒の視点からもこの問いを考慮しよう。詰め込み教育では生徒が受け身になる。教師の話に耳を傾けノートを取り、教師やクラスメートと有意義な交流をすることは稀である。多くの生徒は退屈で寝てしまい、（多少皮肉な言い方をしてしまうが）漫画を読み、携帯で遊ぶことで少しは気を紛らわしている。総合的な学習の時間では、生徒たちは（上手くいけば）クラスメートや教師とともに活動計画を主体的に立てていく。クラスメートと話し合って課題を見つけ、全員が興味をもてる場所や活動を選び、評価を受けるために発見した内容をまとめ発表することが課される。たとえば、地元の河川について学びたいと思い立てば、地元の河川や小川についての情報や場所をオンラインで検索し、（サンプル用の水など）データを集める方法を計画し、採取した水の純度や汚染度を科学的な方法に基づいて評価し、パワーポイントやその他の電子メディアを介してクラスメートや教師、ときには全校生徒に向けて自分たちのデータを発表する準備をしなくてはいけない。さて、再度ここで問いたい。どちらが「リラックスする」または「怠ける」教育法なのだろうか――詰め込み教育の方法か総合的な学習の時間のアプローチか。

筆者は講義形式や情報伝達型の授業が必要ないと主張したいのではない。新しい理論や概念を導入するときや例を生徒に紹介するときなどには欠かせない手順があると強調している。しかし生徒中心的な授業では生徒たちが自分たちですぐに紹介された概念の例を見つけ、説明し、自分たちの正当性を主張するよう要求される。ゆえに、総合的な学習の時間は生徒たちにより責任感を与えるアプローチであることを強調したい。自分たちの責任で情報を収集し、その情報をある課題に対する自分たちの主張を支える根拠として使うことは、講義を聴いてメモをとることよりもはるかに難しく時間がかかることである。何より、そこにある学びははるかに効果的であると訴えたい。情報源を探し出し、一つの主張を組み立てることに費やした努力は子どもたちの後学になるからである。

　ゆとり教育の目的の一つは、受験地獄からの解放であったことを思い出してほしい。保護者と教育者の双方から受験対策に向け知識を詰め込むことは大きな負担であり、先生が教えたいと思う方法、そして生徒が教わりたいと思う方法とも合致していないと不平を漏らしてきた。ゆとり教育が1970年代に登場し、2002年まで進展していった背景には、このような状況があったのである。そしてついに保護者、教員、生徒たちの要望が30年越しに聞き入れられた。文部科学省はついに折れ、生徒たちが地域を探究する時間、課題を見つける時間、学校外の資料から情報を得る時間、そして口頭発表やポスターを通してその情報を校内で報告する時間を設けたのである。

　しかし、日本はここで一旦足を止め、自問し始めたのである。これは本当に子どもたちが必要としていることなのだろうか。これで高等教育は変わったのだろうか。子どもたちから勉強のプレッシャーを一部ではあるが取り除き、「学ばせる」ことよりも「学びを応援する」姿勢をとったことは果たして好ましいことなのだろうか。日本はゆとり教育を、特にPISAテストの結果と結びつけて再度検討するようになった。ただ、ここで重要なのはPISAが「何 (know-what)」といった知識よりも、「なぜ (know-why)」、「どのように (know-how)」といった新しい知識を運用する能力を測定しようと試みていることで

ある（OECD, 2003 as cited in Takayama, 2007）。したがって、保護者や教育者、政策立案者は本来「どのようにして未来のリーダーたちにこのような21世紀型の能力を身につけさせればよいか」について考えるべきなのである。そして、筆者はその答えが（ゆとり教育とは別に論じる）総合的な学習の時間の活用にあると主張したい。

　ここで、「何（know-what）」よりも「どのように（know-how）」を基調としたスキルの養成を主張するにあたり、英語教育を一つの例として説明したい。この例は、日本の大学で授業をしてきた筆者自身の経験に基づいている。筆者が担当する大学生たちはライティングの課題でよくこのような文章を書く。

　　Many company is suffered financial losses.

　この文章には文法的な誤りがいくつも混在している。たとえば、many はモノが一つ以上あることを示している。したがって、主語は複数形 companies となるべきである。すると、be 動詞はこの複数形になった主語に合わせて are に書き換えなくてはいけない。最後に、is suffered という動詞の使い方は時制上間違っている。正しくは、現在進行形の are suffering である。ゆえに、正しい文章は次のようになる。

　　Many companies are suffering financial losses.

　いささか長いたとえを羅列してしまい申し訳ないが、ここで強調したいのは英語がまったくこのとおりの方法で教えられているという点である――日本人の生徒たちは「どのように」よりも「何」を教わってくるのである。正しい文法を教えるため、筆者は生徒たちに「名詞の複数形」「主語と動詞の一致」や「時制」を練習するワークシートを準備した。生徒たちは必ずといってよいほど、それぞれの文法を別々に出題すれば正確に使用できるのである。つまり、「何」という知識はよく理解していると示せるのである。それ

にもかかわらず、ワークシートの直後に出された英作文の課題では、生徒の大半が同じ間違いをする。なぜか。それは、書き言葉や話し言葉としてこれらの文法を「どのように」表現すればよいのかを生徒たちが教わってこなかったからである。

　ここで再び総合的な学習の時間が、1) 自ら課題を発見し、2) 自ら学び、自ら考える生徒を育成することが狙いであることを確認したい。これらがすべて 21 世紀に必要な能力なのであれば、総合的な学習の時間はその能力を育てる機会を設けていると、筆者は主張したい。換言すれば、総合的学習は前述した社会構成主義に基づく教育を提供できるのである。

　ゆとり教育がマスコミ、政治界、保護者から厳しく非難されてきたのに対し、総合的な学習の時間は必ずしもそのような批判を浴びてこなかった。まず、2009 年 5 月 30 日に掲載された朝日新聞の世論調査では、対象者の 7 割が「総合的な学習の時間を減らすべきである」との意見に賛成していた。しかしその一方で、「総合的な学習の時間」というテーマのもと、革新的で創造的な学習活動を特集した教育関連記事が読売新聞や朝日新聞などの全国紙で何百も掲載されている。たとえば、長崎県では中学 1 年生が発展途上国の子どもたちのために、地元の商店街から寄付金を集めたことが記事となった（2010 年 11 月 26 日）。また、アルミ缶をリサイクルして老人ホームに車いすを購入した茨城県の事例も掲載されている（2010 年 3 月 24 日）。どうやらマスコミはゆとり教育をバッシングする傍ら、総合的学習が可能にした学びの時間を高く評価している。こうした事実からすれば、主要科目の授業数は事実上 1 割増しても、総合的な学習の時間は公立学校のカリキュラム上重要な要素であることに変わりはない。だが現状、その授業時間数は年間 100 時間から 70 時間（5、6 年生を例にとれば 1 週間のうち約 3 時間から 2 時間に）に減らされた。

　したがって、これらの事実から、ゆとり教育に賛同せずとも総合的な学習の時間を支持することは可能であると考えられる。ゆとり教育が学力低下に繋がったと論じることには抵抗を感じるが、算数、国語、社会などといった主要科目の授業数を増やすことには譲歩し、賛同できる。ゆえに、2012 年の

学習指導要領で主要科目の授業数が増えるに伴い総合的な学習の時間の授業数が少なめに再配分（年間100時間から70時間に削減）されたことに異議はない。この改革により、学問と探究、知識と能力、「何」を知ることと「どのように」を知ることのバランスをとることが潜在的に可能となるであろう。

　「ゆとり」の意味や目的に対する誤解も、最近の議論を振り返るなかで浮かび上がってきた興味深い点である。そのなかでも三浦元教育課程審議会会長の説明は特に興味をそそるものである（潮田、2013）。もし元教育課程審議会会長が語るとおり「エリート養成」がゆとり教育の真の意図なのであれば、日本の公教育は一体何を狙いとし、何を目指すのであろうか。ゆとり教育の導入やその経緯に関する報告は1980年代に発表されたものであるが、当時の政策立案者たちは生徒たち一人ひとりのニーズに応えるためにはカリキュラムの変革が必要であると考えていたようである。本研究の序論で紹介したとおり「個性のない同じような型の人間をつくりすぎている」と、当時の文献からは1980年代の教育の在り方に対する批判的な姿勢が示されているようである。日本の教育の一つの強みは（読者によっては批判するべき側面であるかもしれないが）誰もが同じ教育を受けていることである。本研究で訪れた公立校の多くが同じような机の並べ方で同じような流れで授業を行っていた。学習指導要領も認定教科書も、誰もが同じ学習内容を手に入れられるよう保障している。成績でレベル分けをすることはタブー視されているからこそ、授業で教える内容も均衡が取れる。

　しかし、ここ10年で大きな変化があった。小学校5年生及び6年生、そして中学生の国語、算数、英語の授業は能力別に切り替わっている。周知のとおり、これはアメリカ方式の教育である。アメリカではそれぞれのレベルに応じた学びを提供することが生徒にとって最善の策であるとの見方が強い。しかし、小学校3年生の段階で早くもリーディング力で児童たちをレベル別に割り振るこのやり方に、多くのアメリカ人研究者たちが異議を唱えるようになってきている。勤勉さと質の良い教育で個々の人生を豊かにすることがアメリカの理想であり、その理想を叶える機会は誰もが平等に持っているは

ずなのである。しかし、紛争理論を代表する理論家たちは現状の教育こそが不均衡な力関係、名声、所得を長引かせる元凶であると指摘している（Carnoy, 1974）。多くの研究がマイノリティに属する者たち、また英語のネイティブスピーカーでない者たちが教育界の低層を占め、社会の階層化を促進していると報告している（Darling-Hammond, 1997）。Oakes（1990）によれば、アメリカは他のどの国よりも能力別編成（academic labeling）を拠りどころにしてきた。日本はそのような階層化はせずに高い教育水準を保つ国として引き合いに出されることが多い。上述したとおり、こうした日本の状況は変わりつつある。ただ、その転換の仕方は実にユニークである。以下、調査中に筆者が観た授業をその例にして説明する。

この小学校の6年生たちは算数の時間で分数を学んでいた。この日、生徒たちはグループに分かれて作業を行っていた。クラスとして皆同じことを目指しているにもかかわらず、グループが受けた指示は様々であった。いくつかのクラスでは、約8人のグループ組まれ、グループ員それぞれが異なる役割を担っていた。どちらの教師も分数の計算法を段階的に提示しながら教室を常に巡回し、クラスの進行具合を確認していた。また違う教室では、机の周りに4人から6人のグループになって座っていた。机にはカードが置いてあり、答えが書いてあるカードがカルタのように並べられていた。グループのなかの一人が「1/2 ＋ 7/8」といった数式を読み上げると、他の生徒は紙を使わずに暗算し正しい答えを得ようとする。正しい解答カードを多くとった児童が勝者となる。

このような工夫は能力別編成を用いた新しい組織化であるといえよう。第一に、生徒は同じスキルを学んでいたもののそれぞれが違うレベルの手助け（scaffolding; 足場）を受けていた。ある教室では小グループの一人ひとりが個別に指導が入っていた。しかし、もう一つの教室では基本的に教員は手を入れず小グループで作業をさせていた。第二に、このような能力別クラスが常に実施されているわけではないので生徒たちはクラスの一員として所属感を失わずに済む。生徒たちはその他多くの科目をクラス全員と受講し（算数も

毎回能力別では実施しない)。筆者が会見した教師は、児童たちある特定の学習範囲の理解に応じてレベル別になっているのだと教えてくれた。言い換えれば、分数で「遅い」クラスに入っても次の範囲で同じレベルのクラスに割り振られるわけではないのである。一部の批評家がアメリカの能力別編成に反対するとおり、「習得が遅い学習者」というレッテルは学習者の自尊心の問題に発展し、今後の進路にも影響を与える可能性がある。この教員は(筆者も同意だが)このような手順を踏むことで困っている児童を「習得が遅い学習者」と格づけせず、より手厚くケアすることができるのだと信じていた。

「ゆとり世代」というネガティブなレッテルに対しても、一言言及しておきたい。上述したとおり、筆者はこの「ゆとりコンプレックス」を学生・生徒から感じることが度々ある。筆者の理解によれば今回のカリキュラム改革には「ゆとり教育」は欠かせない命題であり、特に生徒とは切っても切れない関係にある。学生は例外なく、この「ゆとり」というレッテルがついた教育を受けてきたことに自己批判的な態度をとっている。彼らはしばしば教授から「この世代の学力は低い」といわれるそうだ。これは穏やかなことではない。保護者や教育者は学生や子どもに「ゆとり」という色を塗り、隅に追い込むような言動は控えるよう、切に願う。子どもたちは自分の意思で「ゆとり」を選んだのではないのだ。筆者は自分の生徒によく以下のように語りかけている：このいわゆる「ゆとり世代」は将来のキャリアに役立つノウハウのスキルを身につけた。それは大きな強みなのだ、と。

「果たしてゆとり教育は学力低下を招いたのだろうか」——この自由回答形式の問題には、多くのバイアスがかかるであろうし、納得のいく回答もおそらく得られないであろう。前のセクションでも明らかなとおり、肯定派も否定派もそれぞれ自分たちの政治的見解によって立場を固めている。しかし、筆者はここで学力低下の混乱を招いているかもしれない要因を、もう一つ取り上げておきたい。

ここ10年以上、日本の高等教育は危機にさらされてきた。その主な理由は少子化であり、卒業生の数の減少に繋がっている。具体的な数字で見ると、

大学生の数は1992年の205万人から2002年に145万人となり、34%減っている（Japan Times、2008年2月28日）。こうなると、レベルが高くない高等教育機関では定員割れが起きる。多くの高等機関が入学者の確保に苦労し、なかには定員割れがすでに始まっている大学もある。こうしたなか、大学入試に対する悲観的な見方も変わってきた。いわゆる一流大学（東京大学、京都大学、早稲田大学、慶応大学など）は今でもそれぞれのステータスと維持し、入学試験でも高い点数を要求してくる。いずれにせよ、この数年間で「受験地獄」に悩まされる子どもたちが減ってきたことは否定できない事実であろう。結果、高等学校の目的の一つであった受験対策は意味を失いかけている。全員ではないにしろ、一部生徒にとっても勉強をする外的な動機づけが弱まったともいえよう。このような風潮のなか、学力低下は回避できない事態となってきているのでないだろうか。

　さらに、ゆとり教育が導入され撤回された時期とPISAの結果との間には、ゆとり教育否定派が主張するほど関係性があるとは思えない。筆者を含めた研究者が述べてきたとおり、2003年のPISAがゆとり政策の結果であるとは考えにくい。PISAを受験したのは当時15歳だった生徒である——つまり、2003年にPISAを日本で受験した生徒たちはそれまでの8年間を旧体制で、1年間をゆとり体制で過ごしてきたのである。ゆえに、筆者は相関性があるという主張に説得力を感じない。Takayama（2008）が示したとおり、メディアが「PISAショック」をつくり上げ、政略に利用されていったのではないだろうか。2012年のPISAテストの結果が脱ゆとりの成果であると結論づけるのも、時間的な問題がある。2009年より授業内容を増やすことが許可されていたとはいえ、脱ゆとり教育が決行されるのは2012年からであるからだ。したがって、ゆとり教育と学力低下の相関性はうのみにできない——両者は政治的な理由で結びつけられた可能性のほうが高いのではないだろうか。ゆとり教育が学力低下には明らかにその他多数の理由で説明ができるはずである。

　国家が将来に向けどのように子どもたちを育てていくかは、本質的には政治的な問題である。Takayama（2007）が鋭く指摘するとおり、ゆとり教育の

支持する進歩主義派は競争原理、消費者の選択、そして基準に基づいたアカウンタビリティを前提条件とした教育計画を支持する新保守主義派に圧倒されてしまっている。新自由主義の支持者も、学校側が説明責任を負うような厳格なテスト（high-stakes testing）を使用することで教育効果が期待できると主張している。事実、日本の新保守主義派はゆとり教育が誤りだとする主張を正当化するために、1984年にアメリカの保守派が発表した「危機に立つ国家」（A Nation at Risk）のレトリックを借りていた（Takayama, 2007）。

　世界では、PISAなど全世界的な指標を基準に測られた国際的な競争力を最大の関心事とする新自由主義的な教育改革が主流化している。Motani（2005）が日本教育における「進歩主義的な転換」（progressive turn）と呼ぶように、この新自由主義的な流れに対し、明らかに逆流する動きがゆとり教育である。子どもたちの学びを教室から地域、そしてその先の世界へと誘う総合的学習の時間のアプローチは多くの教員から支持を得ているようである。Lewis（1995）やBenjamin（1997）がエスノグラフィで深く洞察しているとおり、日本の教育は理論においても実践においても、特に小学校では、進歩的でリベラルな教育イデオロギーが支配的であった。一方、Rohlen（1983）は、日本の高等学校の特徴として、教師中心で暗記学習型の授業であることを挙げている。このような傾向性は、総合的な学習の時間にもある程度見受けられた。総合的な学習の時間を大いに歓迎した小学校と比べると、中学校の教職員はより消極的な態度を示していた。しかし、川村（2011）の報告によれば、そのような態度も変化してきているようである。

　おそらく12年間の論争でまずわかったことは、総合的な学習の時間が導入されたことにより教授法が多様化したことではないだろうか。たしかにゆとり教育の目標は散々に終わったかもしれない。しかし、総合的な学習の時間が継続されることにより、生徒に教科書という枠組みを超え、地域、日本全土、そして世界へと刺激的な学びを提供する機会が残された。過去12年間にわたり日本の教師たちは苦労に苦労を重ね総合的学習の授業計画を立ててきた。幸いなことに、それらの授業はこれからも実施できる。本研究で取

り上げた様々な活動からもわかるように、総合的な学習の時間はいじめが本質的に悪であるということに児童・生徒たちが気づき、地元地域のコリアン文化や世界の発展を推し進める日本の役割等について深く考察する機会となっている。

　生徒たちに自分たちの住む世界を探究するよう促せる、自由な裁量が教員や学校に与えられたとき、無限大の可能性が教育の場に広がる。筆者が調査を実施した数々の総合的な学習の時間の活動、そして学校や学者、文部科学省がこれまでに発行した数えきれないほどの報告書がそれを裏づけている。総合学習の結果、教科書や教室の壁を超えた学びが実現した。教育が圧倒的に新保守主義路線のなか、社会構成主義に基づく教育を強く支持する者にとってこれは小さな勝利である。

　少なくとも一時的には、ゆとり教育を学力低下に関する論争は治まったようである。ゆとり改革の一部取り消しは、政治面でも思想面でも新自由主義の勝利であるかのように見える。しかし、筆者は総合的な学習の時間は子どもたちの大きな経験の場として残り、「どうやって」を学ぶ楽しい機会が保障されたことに注目したい。2015年のPISAが、「ゆとり教育は学力低下を招いた」という批判を擁護する結果となるか、あるいはそのような批評に疑問を抱かせるような結果となるだろうか――筆者はその結果を心待ちにしている。

　他方、学力低下を根拠に、ゆとり教育に反対する側の意見も一理あるだろう。国際的な競争力は、教育者や政策立案者の注目を集める重要な関心事項となっている。ここで問題になるのはグローバルな環境に適応できる力を備えた人材を、どのようにして育成するかである。新自由主義の支持者は、学校側が説明責任を負うような厳格なテスト (high-stakes testing) を使用することで教育効果が期待できると主張している。一方、進歩主義派の教育者は教室から地域社会、そしてさらに外へと学びを展開する総合的な学習の時間のようなアプローチをとるべきであると提唱している。

　日本における教育の政策や実践に関する議論が治まる気配はない。それは、

普遍的な教育の課題に対し日本が積極的に取り組む国家なのであるという、良い兆しである。他の先進国と同様に、イデオロギーという名の譲れない線は日本にもいくつか引かれている。しかし、この国では「歩み寄り」が可能なのではないだろうか——総合的な学習の時間を継続しながらも、高い学力水準とアカウンタビリティの必要性にも真剣に取り組んでいく、そのような歩み寄りができるのではないだろうか。

注

1　インタビュー、2003 年 7 月。
2　インタビュー、2004 年 11 月。
3　たとえば、内閣府大臣官房政府広報室（2004）は外国人労働者の受け入れについて全国 20 歳以上 3,000 人を対象に世論調査を行っている。外国人の単純労働者の受け入れは認めないと答えた者は約 25％、国内の労働力を優先しても足りない場合は受け入れると答えた者が 39％、無条件に単純労働者を受け入れると答えた者の割合が約 17％であった。
4　最近の結果については次の文献を参照：朝日新聞夕刊「大阪の小中学生、学力持ち直し『ゆとり時代』と前後　大阪大調査」2014 年 5 月 26 日。
5　日本人中学校教師とのインタビュー、2005 年 1 月。
6　日本人校長とのインタビュー、2004 年。
7　日本人教師とのインタビュー、2004 年 10 月。
8　日本人教師とのインタビュー、2004 年 12 月。
9　日本人教師とのインタビュー、2004 年 10 月。
10　室井ゼミナール（n.d.）「ゆとり教育：肯定派、否定派」：http://www.h3.dion.ne.jp/~ymuroi/02-1-natsu-giron-1.htm
11　2000 年に 32 ヶ国、2003 年に 41 ヶ国、2006 年に 57 ヶ国、2012 年には 65 ヶ国に上る。
12　週刊朝日「開成×灘、高校対談『できる子どもの伸ばし方』東大合格者、3 年連続 1 位・2 位」2014 年 5 月 9 日。
13　寺脇研・八木秀次（2013）「ゆとり教育とはなんだったのか？ 120 分徹底討論」総合教育技術 68(2): 3-10。
14　出口汪（2010）ゆとり教育の真実　出口汪×寺脇研 2010 年 10 月 14 日〈http://www.deguchi-hiroshi.com/taidan/taidan3/taidan3_1.html〉。

参考文献

(日本語)

朝日新聞夕刊（2014）.「大阪の小中学生、学力持ち直し「ゆとり時代」と前後　大阪大調査」2014 年 5 月 26 日。

アジア協会アジア友の会（JAFS）。http://jafs.or.jp/

荒川哲郎・児玉克哉（共編）（2002）.『人権教育と総合的な学習』地域国際活動研究センター。

市川伸一（2002）.『学力低下論争』ちくま新書。

池上彰（2013）.「学習到達度調査　発表、うのみにしないで」『朝日新聞』2013 年 12 月 20 日。

潮田道夫（2013）.「ゆとり教育は何だったのか」『暮らしの手帖』65、144-147。

江淵一公（1993）.「異文化間教育と多文化教育―研究の意義と課題」『異文化間教育』7、4-20。

江淵一公（1997）.「異文化間教育とは」江淵一公（編著）『異文化間教育研究入門』玉川大学出版部。

大阪府同和教育研究協議会「新しい人権教育」プロジェクト（1999）.『わたし 出会い 発見 Part 3 〜人権総合学習プラン集〜』大阪府同和教育研究協議会。

大森不二雄（2000）.『「ゆとり教育」亡国論』PHP 研究所。

岡部恒治・戸瀬信之・西村和雄（1999）.『分数のできない大学生―21 世紀の日本が危ない』東洋経済新聞社。

海外移住資料館：http://jomm.jp/outline/index.html.

海外移住資料館（2005）.『学習活動の手引き』国際協力機構 JICA 横浜。

海外交流審議会（2004）.「変化する世界における領事改革及び外国人問題への新たな取り組み」: Retrieved from: http://www.mofa.go.jp/mofaj/annai/shingikai/koryu/toshin.html

外務省：http://www.mofa.go.jp/mofaj/

勝田守一（1951）.「国際理解の教育」『初等教育資料』9、東洋館出版社。

苅谷剛彦（1999 年 1 月 11 日）「大学受験のプレッシャーはどう変わった」『朝日新聞』13 面。

川崎ふれあい館（n.d.）「だれもが力いっぱい生きていくために」川崎市ふれあい館・桜本こども文化センター（パンフレット）。

川村光（2011）.「「総合的な時間」の 10 年間―2004 年学校調査・2005 年教員調査と 2009 年学校・教員調査の比較分析結果報告―」『関西国際大学研究紀要』12、1-12。

教育基本法：http://law.e-gov.go.jp/htmldata/H18/H18HO120.html

教育再生会議（2008）.「社会総がかりで教育再生を・最終報告〜教育再生の実効性の担保のために〜」: Retrieved from: http://www.kantei.go.jp/jp/singi/kyouiku/houkoku/honbun0131.pdf

栗本一男 (1985).『国際化時代と日本人：異なるシステムへの対応』日本放送出版協会。
グリーンマップシステム：http://www.greenmap.org/greenhouse/ja/gl_welcome/jp_welcome
高校総合学習プロジェクトおおさか（編）(2002).『やってみよう！総合学習：学びのPlan-Do-See』解放出版社。
厚生労働省 (2002).「ホームレスの自立の支援等に関する特別措置法」：Retrieved from: http://www.mhlw.go.jp/bunya/seikatsuhogo/homeless01/pdf/data.pdf
国際協力機構（JICA）：http://www.jica.go.jp/
国際協力機構（JICA）(2005).『学校へ行きたい！』（パンフレット）国際協力機構JICA横浜。
国際協力機構 JICA 横浜 (2003).『海外移住資料館』（リーフレット）。
国際連合広報センター『世界人権宣言』：Retrieved from: http://www.ohchr.org/EN/UDHR/Documents/UDHR_Translations/jpn.pdf
国立教育政策研究所教育課程研究センター (2003).『総合的な学習の時間 実践事例集（小学校編）』東洋館出版社。
国立教育政策研究所教育課程研究センター (2003).『総合的な学習の時間 実践事例集（小学校編）』東洋館出版社。
国立教育政策研究所 (2014).「学習指導要領社会科編」学習指導要領データベース（閲覧日：2014 年 8 月 6 日）：Retrieved from https://www.nier.go.jp/guideline/s22ejs1/chap1.htm
小林哲也 (1987).「『異文化間教育』の創刊にあたって」『異文化間教育』1、9-19。
佐藤学 (2000).『「学び」から逃走する子どもたち』岩波書店。
佐藤群衛 (1999).「在日外国人女子教育」佐藤群衛（編著）『国際化と教育：日本の異文化間教育を考える』放送大学教育振興会。
佐藤郡衛・林英知（共編）(1998).「国際理解教育の授業づくり―総合的に学習をめざして」教育出版。
佐藤年明 (2012).「いわゆる『ゆとり教育』に対する学生の認識の検討」『三重大学教育学部研究紀要』63、239-254 頁。
斎藤貴男 (2004).『機会不平等』文藝春秋。
四国新聞「追跡シリーズ　国の財政特別措置、期限切れ」2002 年 3 月 17 日：Retrieved from: http://www.shikoku-np.co.jp/feature/tuiseki/162/
志水宏吉 (1999).「問題としてのニューカマー」『ニューカマーの子どもたちに対する教育支援の研究～大都市圏におけるフィールド調査から～』（平成 9・10 年度科学研究費助成事業 研究成果報告書）(1-19 頁)。
志水宏吉 (2002).「『学力低下』私論」長尾彰夫（編）「『学力低下』批判：私は言いたい 6 人の主張」アドバンテージサーバー。
週刊朝日「東大、京大生も『学力崩壊』」1999 年 3 月 26 日。
週刊朝日「開成×灘、高校対談『できる子どもの伸ばし方』東大合格者、3 年連続 1 位・2 位」2014 年 5 月 9 日。
竹内裕一 (2009).「郷土教育論争と公害教育実践に学ぶ地域学習の視点」『学芸地理』

64、28-41。
田中治彦（1998）.「総合学習と開発教育　教育課程審議会答申に寄せて」『開発教育』38(8)、3-11。
谷口雅子（2005）.「社会科における地域学習の意味」『福岡教育大学紀要』54(3)、89-106。
谷本哲郎（2007）.「小学校社会科における総合学習的取り組みについて：戦後社会科成立期における石橋勝治の実践からの一考察」『四天王寺国際仏教大学紀要』44、157-172。
田渕五十生（1987）.「韓国・朝鮮および在日韓国・朝鮮人理解の教育内容」『国際理解』17、13-27。
田渕五十生（1991）.『在日韓国・朝鮮人理解の教育』明石書店。
多文化共生キーワード事典編集委員会（編）（2004）.『多文化共生キーワード事典』明石書店。
中央教育審議会（1971）.『今後における学校教育の総合的な拡充整備のための基本的施策について（答申）』文部省。
中央教育審議会（1996）.『21世紀を展望した我が国の教育の在り方について（第一次答申）』文部省：Retrieved from: http://www.mext.go.jp/b_menu/shingi/chuuou/toushin/960701.htm
出口汪（2010）. ゆとり教育の真実　出口汪×寺脇研 2010 年 10 月 14 日：Retrieved from: http://www.deguchi-hiroshi.com/taidan/taidan3/taidan3_1.html
寺脇研・八木秀次（2013）.「ゆとり教育とはなんだったのか？ 120 分徹底討論」『総合教育技術』68(2)、3-10。
特定非営利活動法人エーピーエスディ：http://www.apsd.or.jp/new/index.html
特定非営利活動法人ジェントルハートプロジェクト（n.d.）「いじめ社会の中の子どもたち」パンフレット。
特定非営利活動法人ジェントルハートプロジェクト：http://npo-ghp.or.jp/
独立行政法人統計センター（2014）.「国籍・地域別在留資格（在留目的）別在留外国人」：Retrieved from: http://www.e-stat.go.jp/SG1/estat/List.do?lid=000001118467
内閣府大臣官房政府広報室（2004）.「外国人労働者の受入れに関する世論調査」：Retrieved from: http://www8.cao.go.jp/survey/h16/h16-foreignerworker/
長尾彰夫（1999）.『総合学習としての人権教育―始めてみよう、人権総合学習』明治図書出版。
長尾彰夫（2002a）.「学力低下批判のポリティックス分析―教育政策批判としての学力低下論を検証する―」長尾彰夫・野口克海・宮田彰・志水宏吉・本田由紀・堀家由妃代（著）『「学力低下」批判―私は言いたい 6 人の主張』（39-55 頁）、アドバンテージサーバー。
長尾彰夫（2002b）.「学力低下批判をどう受け止めるか」『カリキュラムづくりと学力・評価』（21 世紀型授業づくり）明治図書出版。
長尾彰夫・野口克海・宮田彰・志水宏吉・本田由紀・堀家由妃代（2002）.『「学力低下」

批判：私は言いたい 6 人の主張』アドバンテージサーバー。
中島智子（1988）.「「国内理解」と「国際理解」」『異文化間教育』2、58-67。
中島智子（1998）.『多文化教育 多様性のための教育学』明石書店。
中根千枝（1967）.『タテ社会の人間関係：単一社会の理論』講談社現代新書
文部科学省（1998）.「小学校学習指導要領（平成 10 年 12 月）」：Retrieved from: http://www.mext.go.jp/a_menu/shotou/cs/1319941.htm
文部科学省（2001）.「文部科学白書〈平成 13 年度〉21 世紀の教育改革」
文部科学省（2012）.「「日本語指導が必要な児童生徒の受入れ状況等に関する調査（平成 24 年度）」の結果について」：Retrieved from: http://www.mext.go.jp/b_menu/houdou/25/04/__icsFiles/afieldfile/2013/04/03/1332660_1.pdf
箕浦康子（1994）.「異文化で育つ子どもたちの文化的アイデンティティ（国際化時代の教育 グローバル・エデュケーション〈特集〉）」『教育学研究』61(3)、213-221。
宮坂麻子「(Say！Yes！No！) 総合学習、減らしていいの？」『朝日新聞夕刊』6 面 2009 年 5 月 30 日。
法務省：http://www.moj.go.jp/
吉田裕久（2001）.『戦後初期国語教科書史研究－墨ぬり・暫定・国定・検定』風間書房
室井ゼミナール（n.d.）「ゆとり教育：肯定派、否定派」：http://www.h3.dion.ne.jp/~ymuroi/02-1-natsu-giron-1.htm
臨時教育審議会（1985）.「教育改革に関する第一次答申」。
臨時教育審議会（1986）.「教育改革に関する第二次答申」。

(英語)

Akashi, Ichiro. "Zendokyo and Others: Teachers' Commitment to Dowa Education." In *Dowa Education: Educational Challenge Toward a Discrimination-free Japan*, edited by Yasumasa Hirasawa, Yoshiro Nabeshima, and Minoru Mori. Osaka: Buraku Liberation Research Institute, 1995.

Appadurai, Arjun. *Modernity at Large: Cultural Dimensions of Globalization*. Minneapolis: University of Minnesota Press, 1996.（門田健一（訳）(2004).『さまよえる近代―グローバル化の文化研究』平凡社。）

Archimbault, Reginald, (ed.) *John Dewey on Education: Selected Writings*. New York: Modern Library, 1964.

Aspinall, Robert W. "Japanese Nationalism and the Reform of English Language Teaching." In *Can the Japanese Change Their Education System?* edited by Roger Goodman and David Phillips, Oxford, UK: Symposium Books: Oxford Studies in Comparative Education, 2003.

Befu, Harumi. "Internationalization of Japan and Nihonbunkaron," In *The Challenge of Japan's Internationalism*, edited by Hiroshi Mannari and Harumi Befu. Tokyo: Kodansha International, 1983.

Benjamin, Gail R. *Japanese Lessons: A Year in a Japanese School through the Eyes of an American Anthropologist and Her Children*. New York: New York University Press, 1997.

Bhabha, Homi. "A Good Judge of Character: Men, Metaphors, and Common Culture." In *Racing Justice, Engendering Power*, edited by Tony Morrison. New York: Pantheon Books, 1991.

Bjork, Chris and Ryoko Tsuneyoshi. "Education Reform in Japan: Competing Visions for the Future." *Phi Betta Kappan*, 86.8 (2005): 619-626.

Bruffee, Kenneth, A. *Collaborative Learning, Higher Education, Interdependence and the Authority of Knowledge*. Baltimore, MD: The Johns Hopkins University Press, 1998.

Bruner, Jerome. "The Act of Discovery." *Harvard Education Review* 31.1 (1961): 21-22.

Buraku Liberation Research Institute. *Buraku Liberation News*, 126 (March 2003), Osaka: Buraku Buraku Liberation Research Institute, 2003. http://blhrri.org/blhrri_e/news/new126/new126.htm

Buraku Liberation Research Institute. *Dowa Education: Educational Challenge Toward a Discrimination-free Japan*. Osaka: Buraku Liberation Research Institute, 1995.

Burbules, N. and C. Torres. "Globalization and Education: An Introduction." In *Globalization and Education: Critical Perspectives*, edited by Nicholas Burbules and Carlos Torres, London: Routledge, 2000.

Carnoy, Martin. *Education as Cultural Imperialism*. New York: David McKay Company, 1974.

Coulby, D. and E. Zambreta. "Trends in Globalization." In *World Yearbook of Education 2005: Globalization and Nationalism in Education*. London & NewYork: Routledge, 2005.

Dale, Roger. "Specifying Globalization's Effects on National Policy: A Focus on Mechanisms." *Journal of Education Policy* 14.1 (1999): 1-17.

Darling-Hammond, Linda. *The Right to Learn: A Blueprint for Creating Schools that Work*. San Francisco: Jossey-Bass, 1997.

Davies, S. and N. Guppy. "Globalization and Educational Reforms in Anglo-American Democracies." *Comparative Education Review* 41.4 (1997): 435-59.

Dewey, John. *Experience and Education*. New York: Simon and Schuster, First Touchstone Edition, 1997.

Donald, James. *Sentimental Education*. London: Verso, 1992.

Dworak, Phred. "The Homeless in Japan Find A Place in Cities' Public Parks." *The Wall Street Journal*, June 18, 2003. http://online.wsj.com/news/articles/SB105588265142208900?mg=reno64-wsj&url=http%3A%2F%2 Fonline.wsj. com % 2F article %2FSB105588265142208900.html

Edwards, R. and R. Usher. *Postmodernism and Education: Different Voices, Different Worlds*. London: Routledge, 1994.

Evans, Robert, Jr. "The Contribution of Education to Japan's Economic Growth." In *Windows on Japanese Education*, edited by Edward Beauchamp, New York: Greenwood Press, 1991.

Finkelstein, Barbara. "Educating Strangers." In *Patterns of Value Socialization in US Primary Schools-A Comparative Study*. Osaka: Osaka Daigaku Ningen Kagakubu. Osaka University Human Sciences Department: 1997.

Finkelstein, Barbara, A. Imamura, and J.Tobin (eds.) *Transcending Stereotypes: Discovering Japanese Culture and Education* Yarmouth, MA: Intercultural Press, 1989.

Fujita, Hidenori. "Education Policy Dilemmas as Historical Constructions." In *Transcending Stereotypes: Discovering Japanese Culture and Education*, edited by Barbara, Finkelstein, Ann Imamura, and Joseph Tobin, 147-61. Yarmouth, MA: Intercultural Press, 1989.

Fujita Hidenori. "Education Reform and Education Politics in Japan." *American Sociologist* 31.3 (2000): 42-57.

Fukuoka, Yasunori. *Lives of Young Koreans in Japan*. Melbourne, Australia: Trans Pacific Press, 2000.

Gergen, Peter. "Social Construction and the Educational Process." Chapter 2 in *Constructivism in Education*, edited by Leslie P. Steffe and Jerry Gale, 17-39. New Jersey: Erlbaum Associates Publishers, 1995.

Goodman, Roger. *Japan's "International Youth": The Emergence of a New Class of School Children*. Oxford: Oxford University Press, 1990.

Green, Andy. *Education, Globalization and the Nation State*. London: MacMillan Press, Ltd., 1997.

Green, A., J. Preston and R. Sabates. "Education, Equality and Social Cohesion." *Compare* 33.4 (2003): 453-70.

Hallak, Jacques. "Viewpoints/Controversies: Educational Policy and Contents in Developing Countries." *Prospect* 30.3 (2000): 277-98.

Hirasawa, Yasumasa. "A Policy Study of the Evolution of Dowa Education." PhD diss., Harvard University, 1989.

Hirasawa, Y., Y. Nabeshima, and M. Mori. *Dowa Education: Educational Challenge Toward a Discrimination-free Japan*, Osaka: Buraku Liberation Research Institute, 1995.

Hood, Christopher. *Japanese Education Reform: Nakasone's Legacy*. London: Sheffield Centre for Japan Studies: Routledge Series, 2001.

Horio, Teruhisa. "Japanese Critique of Japanese Education." In *Transcending Stereotypes: Discovering Japanese Culture and Education*, edited by Barbara Finkelstein, Ann Imamura, & Joseph Tobin, 208-16. Yarmouth, MA: Intercultural Press, 1989.

Hullfish, Gordon and Phillip G. Smith. *Reflexive Thinking: the Method of Education*. New York: Dodd and Mead, 1961.

Ikeda, Hiroshi. "Buraku Students and Cultural Identity: The Case of a Japanese Minority." In *Ethnicity, Race, and Nationality in Education: A Global Perspective*, edited by Ken Shimahara et al. Mahwah, New Jersey: Lawrence Erlbaum Associates Publishers, 2001.

Itayama, Kenji. "Two Decades for People with Disabilities: Achievements, Future Tasks and Possibilities for Government Policies in Japan." Accessed October, 28, 2014. http://www.disabilityworld.org/06-08_02/il/2decades.shtml

Japanese Ministry of Education. "Japan Education at a Glance, 2005." Accessed October 27, 2014. http://www.mext.go.jp/english /statistics/1303008.htm

Jansen, Marius B. *Japan and Its World: Two Centuries of Change*. Princeton, New Jersey: Princeton University Press, 1980.

Kingston, Jeff. "Building Civil Society: NPOs and Judicial Reform." In *Japan's Quiet*

Transformation: Social Change and Civil Society in the 21st Century, edited by Jeff Kingston. London and New York: Routledge Curzon, 2004.

Klees, Stephen. "World Bank Education Policy: New Rhetoric, Old Ideology." *International Journal of Educational Development* 22(2002): 451-74.

Lewis, Catherine. *Educating Hearts and Minds: Reflections on Japanese Preschool and Elementary Education*. Cambridge, MA: Cambridge University Press, 1995.

Lincicome, Mark. "Nationalism, Internationalism and the Dilemma of Education Reform in Japan." *Comparative Education Review* 37.2(1994): 123-51.

MacDonald, Lary. "Education Reform and Social Change in Japan: The Case of Osaka." *Human Rights in Asian Schools* 8(2005): 79-88.

Marginson, Simon. "After Globalization, Emerging Politics of Education." *Journal of Education Policy* 14.1(1999): 19-35.

McConnell, David L., *Importing Diversity: Inside Japan's JET Program*. Berkeley, CA: University of California Press, 2000.

McVeigh, Brian. "Education Reform in Japan: Fixing Education or Fostering Economic Nation-Statism?" In *Globalization and Social Change in Contemporary Japan*, edited by J.S. Eades, Tom Gill and Harumi Befu. Melbourne, Australia: Trans Pacific Press, 2000.

Meyer, John W., John Boli, George M. Thomas, and Francisco O. Ramirez. "World Society and the Nation-State." *The American Journal of Sociology* 103.1(1997), 144-181.

Mogi, Toshihiko. "Current Issues on the Human Rights of Persons with Disability." *Japanese Journal of Studies on Disability: Special Edition* 22.2(1994).

Motani, Yoko. "Hopes and Challenges for Progressive educators in Japan: Assessment of the `Progressive Turn` in the 2002 Education Reform." *Comparative Education* 41.3(2005): 309-27.

Nabeshima, Yoshiro. "Dowa Education as Human Rights." In *Dowa Education: Educational Challenge Toward a Discrimination-free Japan*, edited by Yasumasa Hirasawa, Yoshiro Nabeshima, and Minoru Mori. Osaka: Buraku Liberation Research Institute, 1995.

Nathon, *Jonathon. Japan Unbound*. Boston: Houghton Miflin Co., 2004.

Oakes, Jeannie. *Keeping Track: How Schools Structure Inequality*. Binghamton, NY: Vail Ballou Press, 1990.

Organisation for Economic Co-Operation and Development's (OECD). "PISA (Programme for International Student Assessment)." http://www.pisa.oecd.org (accessed October 7, 2014)

Pang, Ching Lin. *Negotiating Identity in Contemporary Japan: The Case of Kikokushijo*. New York: Kegan Paul International, 2000.

Popkewitz, Thomas S. "Reform as the Social Administration of the Child: Globalization of Knowledge and Power." In *Globalization and Education: Critical Perspectives*, edited by Nicholas Burbules and Carlos Alberto Torres. London: Routledge, 2000.

Rohlen, Thomas. *Japan's High Schools*. Berkeley, CA: University of California Press, 1983.（友田泰正（訳）(1988).『日本の高校―成功と代償』サイマル出版会。）

Roth, Joshua Hotaka. *Brokered Homeland: Japanese Brazilian Migrants to Japan.* Ithaca, NY: Cornell University Press, 2002.

Ryang, Sonia. *Koreans in Japan: Critical Voices from the Margins.* New York: Routledge, 2000.

Ryang, Sonia. *North Koreans in Japan: Language, Ideology and Identity.* Boulder, CO: Westfield Press, 1997.

Sato, Manabu. "Classroom Management in Japan: A Social History of Teaching and Learning." In *Classroom Practices and Politics in Cross Cultural Perspective,* edited by Nobuo Shimahara, New York and London: Garland Publishing, 1998.

Shimahara, Nobuo. "Toward the Equality of a Japanese Minority: The Case of Burakumin." *Comparative Education* 20 (1984): 340-73.

Shotter, John. "In Dialogue: Social Constructionism and Radical Constructivism." In *Constructivism in Education,* edited by Leslie P. Steffe and Jerry Gale, 17-39. New Jersey: Erlbaum Associates Publishers, 1995.

Spring, Joel. *Education and the Rise of the Global Economy.* New York: State University of New York, 1998.

Suginohara, Juichi. *Today's Buraku Problem: Feudalistic Status Discrimination in Japan.* Kyoto: The Institute of the Buraku Problem, 2002.

Takayama, Keita. "'A Nation at Risk' Crosses the Pacific: Transnational Borrowing of the U.S. Crisis Discourse in the Debate on Education Reform in Japan." *Comparative Education Review* 51.4 (2007): 423-446.

Takayama, Keita. "The Politics of International League Tables: PISA and Japan's Achievement Crisis Debate." *Comparative Education* 44.4 (2008): 387-403.

Trainor, Joseph C. *Educational Reform in Occupied Japan: Trainor's Memoir.* Tokyo: Meisei University Press, 1983.

Thakur, Yoko H. "*Textbook reform in Allied Occupied Japan, 1945-1952.*" PhD diss., University of Maryland, 1990.

Tsuda, Takeyuki. *Strangers in the Ethnic Homeland.* New York: Columbia University Press, 2003.

Tsuneyoshi, Ryoko. "Internationalization Strategies in Japan: The Dilemmas and Possibilities of Study Abroad Programs Using English." *Journal of Research in International Education* 4.1 (2005): 65-86.

Tsuneyoshi, Ryoko. "The New Foreigners and the Social Reconstruction of Difference: The Cultural Diversification of Japanese Education." *Comparative Education* 40.1 (2004): 55-81.

Tsuneyoshi, Ryoko. *The Japanese Model of Schooling: Comparisons with the United States.* New York: Routledge, 2001.

Yeong, Hae Jung. "Can Japan Become A Society Attractive to Immigrants?." *International Journal of Japanese Sociology* 13 (2004): 53-68.

あとがき

　本研究は、国内外の教職員や学校関係者、研究者の皆様、そして友人や家族を含め、実に多くの方々から多大なる協力を得て遂行し、執筆することができた。全国にある様々な学校を訪問させていただいたが、どの学校においても本調査研究の意義に理解を示してくださり、驚くほど快く受け入れてくださった。授業だけでなく心もオープンにし、嫌な顔一つせず授業観察やインタビューに応じ、協力してくださった先生方お一人おひとりに心から感謝を申し上げたい。

　全員の名前をここに挙げることはできないが、多くの素晴らしい出会いがあり本書を世に出すことができた。誰よりもまず、指導教授であり、恩師であり、友人である Barbara Finkelstein 元メリーランド大学教授に深く感謝を捧げたい。2003 年にワシントン日米協会（The Japan-America Society of Washington, D.C.）の後援を受けて日本を訪れた際は、幸運なことに文科省でインターンシップをすることができ、フィールドワークを大きく進めることができた。2004 年から 2005 年の間にフルブライト奨学生として再来日した際は、日米教育委員会（Japan-U.S. Educational Commission: JUSEC）にサポートしていただき、大変にお世話になった。著者は今でも毎年 JUSEC を訪れ、アメリカから来日した教育者に自身から見た日本の教育制度について語っている。日本滞在期間中は恒吉僚子教授（東京大学）が研究活動を終始あたたかく支え、指導してくださった。また、学校訪問の手配をしていただいた。大阪では一般財団法人アジア・太平洋人権情報センター（ヒューライツ大阪）に、訪問校をはじめ様々な機関・団体との段取りを組んでいただくなど2ヶ月間多大なるご協力を賜った。この大阪滞在中、親身になって支えてくれた友人の前川実さんと林伸一さんも忘れることができない。横浜市教育委員会の皆様にも感謝申

し上げたい。そして、より多くの日本人と研究成果を共有できるようにと本書執筆を強くすすめ、きっかけをつくってくださった創価大学の坂本辰朗教授にも深く感謝申し上げたい。最後に、著者の創価大学大学院での教え子であり、研究の刊行に際し校正その他協力いただいた鈴木光子さんへ感謝を述べたい。

　なお、本研究の出版にあたり、日本学術振興会平成27年度科学研究費補助金による出版助成を得ることができた。

　振り返ってみても、長期にわたった日米間教育交流期間中だけでなく、大学における自身の現在の立場からしても、そして将来取り組みたい研究課題についても、著者の研究の関心は一貫している。それは、国家というレベルから学校教育や学びの特性を見直し、理解することである。本研究でも明らかになったとおり、ポストモダン社会の教育現場が抱える課題は山ほどある。たとえば、子どもたちの周りには国境や地域を越えてあらゆる情報が携帯電話やインターネット上に溢れ、目に入ってくる。こうしたグローバル化の環境下では教師や保護者も情報を管理しにくい。我々の学生時代にはなかったこの情報の豊かさはたしかに歓迎すべきことではある。ただその反面、残念なことにこのような情報社会はときとしてモラルや倫理観に自然と負の影響をもたらす。ゆえに、我々教育者にとってこれからの最大の課題となるのは、生徒たちを地元地域、国家、そして国際社会が交じり合う接点へと導くこと、そしてその理解を助けることなのかもしれない。生徒たちが地元地域の伝統や遺産、日本の文化に誇りを育むことができるようにする。その一方で、グローバル化がもたらす不確実性と魅力ある可能性に対応する力も備えさせる。「子どもたちが親の世代になる20年、30年後の日本では、人口や世帯数はどのように変化しているのだろうか」、「日本企業が世界レベルの競争力をつけ、それを保っていくには子どもたちにどのようなスキルを身につけてもらえばよいのだろうか」、「特に移民危機や対立が絶えない現在、日本や世界で様々な文化が交流し、共存するにはどのような心構えや振る舞いが重要となるのだろうか」。これらをはじめとする様々な質問を我々は教員として、保護者と

して、自身に問う必要がある。

　たしかに、語学力は将来絶対的に必要な能力の一つである。ただ、語学力は経済、社会、そして文化交流を手助けするスキルの一つにすぎないことをここでは強調しておきたい。語学力よりもより重要となるのは、変化や差異に対する姿勢なのではないだろうか。日本の人口が近い未来、量的・質的に変化することを認識させるだけではない。その変化を認め、できればそれを受け入れる寛容さを備えた個人を育てることが重要なのではないだろうか。在日外国人のほとんどは日本語が話せるのである——語学力よりも、多様化に適応できる態度を涵養することに力を注いでもいいのではないだろうか。池田大作氏の言葉を借りると「違いを恐れず、また否定せず、異なった文化を持つ人々を尊重かつ理解しようと努力し、またそのような経験を成長の糧とする勇気」（daisakuikeda.org）が世界市民の要件なのである。

　本研究を通し、教員自身に授業内容や方法を選択する自由や責任を与えることでより生き生きとした活気溢れる学びが実現できることを少しでも多くの日本人に知ってもらいたいと願うばかりである。教員にファシリテータとして授業を委ねることは社会からの暗黙のプレッシャーと、その結果生じる教育の低迷に歯止めをかけることにもなる。もちろん、我々の人生に競争的側面がある以上、バランスは必要となる。基礎を身につけることも探求活動と同様に重要であることはいうまでもない。本研究が主張したい点は、どちらか一方だけに偏るようなことはあってはならないということである。どちらか一方が欠けた教育は、教育とはいえない。双方を目標とし、どちらにも献身的な努力を注ぎ責任を持って追求していけば、子どもたちの未来も必ず希望と可能性に溢れた光り輝く世界になるにちがいない。

ラリー・マクドナルド

事項索引

〔ア行〕

アイデンティティ　4, 18-20, 22, 23, 82, 92, 105, 109, 110, 112, 135, 145, 147, 148
　　国家的——　17
　　文化的——　18, 22, 83, 87, 105
　　国民的・世界市民的——　6, 23
アジア協会アジア友の会（JAFS）　122, 129, 131
イデオロギー　18, 111, 175
　　教育——　173
　　政治的——　36
異文化間教育　81-84, 104
異文化間コミュニケーション　134
異文化共生　7
異文化リテラシー　154
インターナショナライゼーション　10, 11
インドシナ難民　26, 81, 84, 96-98, 107, 141, 146

〔カ行〕

外国人マイノリティ　112
外国人労働者　3, 81, 92
（新）学習指導要領　13, 15-17, 27, 37, 112, 151, 154, 169
教育改革　5, 11-14, 17, 24, 25, 27, 34, 106, 109, 111, 154, 173
教育刷新委員会　33, 34, 36
グリーンマップ　51
グローカリゼーション　4
グローバル化（グローバリゼーション）　3, 4, 9, 10, 11, 17-24, 76, 77, 141
　　文化的——　23

グローバル社会　19, 24, 148
グローバル勢力　10, 17, 18
グローバルリーダー　6, 7, 113, 122
軍国主義　34, 35, 111
啓蒙教育　18
国際社会　3, 4, 7, 8, 10, 23, 97, 103, 109, 110, 113, 122, 135, 139, 141, 143, 144, 151
国際理解　8, 16, 107, 112, 115, 127, 132, 135, 143-145, 148, 155
国際理解教育　8, 24, 25, 82, 83, 88, 100, 107, 109-113, 122, 123, 135, 143
　　——的アプローチ　8, 9, 28, 139, 141, 147
国家主義（ナショナリズム）　21, 22, 111, 112

〔サ行〕

在日外国人　9, 84, 85, 93, 103, 111, 129, 134, 141
在日コリアン　8, 85-88, 90, 91, 95, 104, 105, 143, 146
差異の諸側面（Dimensions of Difference）　5-8, 10, 26, 139, 140, 146, 148
ジェントルハートプロジェクト　63, 64, 75, 140
社会構成主義　148-150, 168, 174
人権教育　9, 24, 25, 57, 61, 62, 65, 66, 70, 76, 77, 93, 134, 140
　　——的アプローチ　8, 9, 28, 62, 65, 69, 75, 92, 139, 140
総合的な学習の時間　5, 7, 8, 10, 11, 13, 15-17, 24-28, 34, 37, 38, 40, 41, 45, 47-50, 52, 55, 57, 61-63, 65, 66, 68-71, 73-77, 84, 88, 90-98, 101-104, 106, 107, 109, 112-114, 117-119, 121-123, 129, 132, 134, 135, 139, 141-148,

150, 151, 154-158, 161-166, 168, 173, 174

〔タ行〕

多文化共生　　　7, 8, 10, 11, 25, 81, 83, 84, 92, 93, 95, 96, 102, 104-106, 110, 135, 141, 143, 144, 145, 148
　——教育　　　8, 101
　——的アプローチ　8, 9, 28, 91, 92, 95, 139, 141, 146
多文化社会　　　3, 21, 145
多文化主義　　　84
地域学習的アプローチ　　　8, 9, 28, 139
地域社会　　　6, 7, 14 , 25, 38, 40, 76, 81, 84, 87, 90, 104, 106, 113, 139, 144, 174
中国残留邦人　　　81, 84, 141
同和地区　　　6, 26, 58-61, 65, 68-70, 76, 86
　——出身者　　　8, 9, 10, 57-61 69, 70, 76, 140, 146
独立行政法人国際協力機構（JICA）
122-129, 131, 135, 141, 143

トランスナショナリズム　　　112

〔ナ行〕

ニューカマー　　　91

〔ハ行〕

文化的伝統　　　3, 4, 17, 20, 118
ポストモダン社会　　　23
ポストモダン派　　　20, 23

〔マ行〕

マイノリティ（グループ）　　　8, 19-21, 57, 58, 60, 61, 65, 68, 70, 77, 81, 83, 91, 92, 95,104, 111, 143, 145, 170

〔ヤ行〕

ゆとり教育　　　13-16, 27, 142, 144, 146, 151-154, 156-164, 166, 168, 169, 171-174
ゆとり世代　　　158, 159, 171

人名索引

Burbules, N.（ボルブレス） 4, 18
Dale, R.（デール） 17, 19
Davies, S.（デービーズ） 19, 57
Finkelstein, B.（フィンケルスティーン）
　　　　　　　　　　　　91, 111, 146
Gergen, P.（ガーゲン） 148, 150
Green, A.（グリーン） 21, 23
Guppy, N.（グッピー） 19, 57
Hirasawa, Y.（平沢） 58, 60
Hullfish, G.（ハルフィッシュ） 148, 150
Imamyra, A.（今村） 111
Marginson, S.（マージンソン） 3, 23
Meyer, J.（マイヤー） 17, 18
Nabeshima, Y.（鍋島） 59, 60
Popkewitz, T.（ポップケイヴィッツ）21-23, 145
Shimahara, N.（島原） 58, 59
Smith, P.（スミス） 148, 150
Suginohara, J.（杉之原） 58, 59
Takayama, K.（高山） 159, 160, 167, 172, 173
Thakur, Y.（サッカー） 34, 35, 37
Topin, J（トーピン） 111

Torres , C.（トーレス） 4, 15
Trainor, J.（トレイナー） 34, 36, 37
Tsuneyoshi. R.（恒吉僚子）91, 117, 134, 146,
　　　　　　　　　　　　156

潮田道夫 159
江淵一公 82, 84
大森不二雄 152, 153
岡部恒治 152, 153
川村光 156, 157, 173
佐藤群衛 83, 84, 153, 158
志水宏吉 17, 105, 154
谷口雅子 37, 139
田渕五十生 111, 135
戸瀬信之 152, 154
長尾彰夫 24, 153, 154
中島智子 87, 104, 112
西村和雄 152, 153
林英知 84
吉田裕久 35, 36

著者略歴

ラリー・マクドナルド（Lary MacDonald）
　1963年アメリカのミシガン州生まれ、1988年北テキサス州立大学卒業。ジョージワシントン大学教育大学院にて国際教育を専攻し1998年に修了。翌年にジョージメイソン大学教育大学院 TESL 学科にて修士号取得。東京大学教育学部大学院外国人客員研究員（フルブライト奨学生）として再来日し、2006年メリーランド大学において教育政策とリーダーシップ研究で博士号を取得。国際教育研究所プログラムスペシャリスト、メリーランド州立大学トランスカルチュラル教育センター副所長、創価大学ワールド・ランゲージ・センター准教授、副センター長を経て、2014年4月より創価大学国際教養学部教授。研究テーマはグローバル化と教育カリキュラム改革。

主要著書
『世界から見た日本の教育（リーディングス日本の教育と社会）』（編著、日本図書センター、2009年）、"Students' Expectations and the Language Learning Context", *CamTESOL Selected Papers 2009*, Vol. 5, "The Role of Integrated English Language Skills and Critical Thinking in the Development of Global Awareness", *Sociology Study*, Vol. 4, 2014、など。

グローバリゼーションとカリキュラム改革――海外の研究者が見た「総合的な学習の時間」

2016年2月26日　初版第1刷発行　　　　　　　　　〔検印省略〕

＊定価はカバーに表示してあります。

著者 © ラリー・マクドナルド　発行者　下田勝司　　印刷・製本／中央精版印刷株式会社

東京都文京区向丘1-20-6　郵便振替 00110-6-37828
〒113-0023　TEL 03-3818-5521（代）FAX 03-3818-5514
E-Mail tk203444@fsinet.or.jp　URL: http://www.toshindo-pub.com/

発行所　株式会社 東信堂

Published by TOSHINDO PUBLISHING CO.,LTD.
1-20-6, Mukougaoka, Bunkyo-ku, Tokyo, 113-0023, Japan

ISBN978-4-7989-1340-7 C3037　Copyright© Lary McDonald

東信堂

アメリカ公立学校の社会史——コモンスクールからNCLB法まで	W・J・リース著 小川佳万・浅沼茂監訳	四六〇〇円
アメリカ 間違いがまかり通っている時代——公立学校の企業型改革への批判と解決法	D・ラヴィッチ著 末藤美津子訳	三八〇〇円
教育による社会的正義の実現——アメリカの挑戦（1945–1980）	D・ラヴィッチ著 末藤美津子訳	五六〇〇円
学校改革抗争の100年——20世紀アメリカ教育史【増補版】	D・ラヴィッチ著 末藤・宮本・佐藤訳	六四〇〇円
アメリカ学校財政制度の公正化	竺沙知章	三四〇〇円
現代アメリカの教育アセスメント行政の展開——マサチューセッツ州（MCASテスト）を中心に	北野秋男編	四八〇〇円
アメリカ公民教育におけるサービス・ラーニング	唐木清志	四六〇〇円
現代アメリカにおける学力形成論の展開——スタンダードに基づくカリキュラムの設計	石井英真	四六〇〇円
ハーバード・プロジェクト・ゼロの芸術認知理論とその実践——内なる知性とクリエティビティを育むハワード・ガードナーの教育戦略	池内慈朗	六五〇〇円
アメリカにおける学校認証評価の現代的展開	浜田博文編著	二八〇〇円
アメリカにおける多文化的歴史カリキュラム	桐谷正信	三六〇〇円
EUにおける中国系移民の教育エスノグラフィ	山本須美子	四五〇〇円
現代ドイツ政治・社会学習論——「事実教授」の展開過程の分析	大友秀明	五二〇〇円
現代教育制度改革への提言 上・下	日本教育制度学会編	各二八〇〇円
現代日本の教育課題——二一世紀の方向性を探る	村田翼夫・上田学編著	二八〇〇円
人格形成概念の誕生——近代アメリカの教育概念史	田中智志	三六〇〇円
社会性概念の構築——アメリカ進歩主義教育の概念史	田中智志	三八〇〇円
グローバルな学びへ——協同と刷新の教育	田中智志編著	二〇〇〇円
学びを支える活動へ——存在論の深みから	田中智志編著	三五〇〇円
教育の共生体へ——ボディ・エデュケーショナルの思想圏	田中智志編	三五〇〇円
グローバリゼーションとカリキュラム改革——海外研究者が見た総合的な学習の時間	L・マクドナルド	二七〇〇円
社会形成力育成カリキュラムの研究	西村公孝	六五〇〇円
社会科は「不確実性」で活性化する——未来を開くコミュニケーション型授業の提案	吉永潤	二四〇〇円

〒113-0023 東京都文京区向丘1-20-6
TEL 03-3818-5521 FAX 03-3818-5514 振替 00110-6-37828
Email tk203444@fsinet.or.jp URL=http://www.toshindo-pub.com/

※定価：表示価格（本体）＋税

東信堂

比較教育学事典	日本比較教育学会編	一二〇〇〇円
比較教育学の地平を拓く	森山田肖子編著	四六〇〇円
比較教育学——越境のレッスン	馬越徹	三六〇〇円
比較教育学—伝統・挑戦・新しいパラダイムを求めて	M.ブレイ編著／馬越徹・大塚豊監訳	三八〇〇円
国際教育開発の研究射程——持続可能な社会のための比較教育学の最前線	北村友人著	二八〇〇円
国際教育開発の再検討——途上国の基礎教育普及に向けて	小川啓一・西川友人・北村幹人子編著	二四〇〇円
発展途上国の保育と国際協力	浜野隆・三輪千明著	三八〇〇円
トランスナショナル高等教育の国際比較——留学概念の転換	杉本均編著	三六〇〇円
東アジアにおける留学生移動のパラダイム転換	嶋内佐絵	三六〇〇円
——大学国際化と「英語プログラム」		
中国教育の文化的基盤	顧明遠著／大塚豊監訳	二九〇〇円
東アジアの大学・大学院入学者選抜制度の比較——中国・台湾・韓国・日本	大塚豊監修	三六〇〇円
中国大学入試研究——変貌する国家の人材選抜	南部広孝	三二〇〇円
中国高等教育独学試験制度の展開	南部広孝	三二〇〇円
中国の職業教育拡大政策——背景・実現過程・帰結	劉文君	五〇四八円
中国における大学奨学金制度と評価	王帥	三〇〇〇円
中国高等教育の拡大と教育機会の変容	王傑	三九〇〇円
現代中国中等教育の多様化と教育改革	楠山研	三六〇〇円
文革後中国基礎教育における「主体性」の育成	李霞	二八〇〇円
「郷土」としての台湾——郷土教育の展開にみるアイデンティティの変容	林初梅	四六〇〇円
戦後台湾教育とナショナル・アイデンティティ	山﨑直也	六〇〇〇円
ドイツ統一・EU統合とグローバリズム——教育の視点からみたその軌跡と課題	木戸裕	四八〇〇円
教育における国家原理と市場原理——チリ現代教育史に関する研究	斉藤泰雄	三八〇〇円
中央アジアの教育とグローバリズム	川野辺敏編著	三二〇〇円
インドの無認可学校研究——公教育を支える"影の制度"	小原優貴	三六〇〇円
バングラデシュ農村の初等教育制度受容	日下部達哉	三六〇〇円
オーストラリアのグローバル教育の理論と実践	木村裕	三六〇〇円
[新版]オーストラリア・ニュージーランドの教育——開発教育研究の継承と新たな展開	青木麻衣子・佐藤博志編著	二〇〇〇円
マレーシア青年期女性の進路形成——グローバル社会を生き抜く力の育成に向けて	鴨川明子	四七〇〇円

〒113-0023 東京都文京区向丘 1-20-6
TEL 03-3818-5521 FAX 03-3818-5514 振替 00110-6-37828
Email tk203444@fsinet.or.jp URL:http://www.toshindo-pub.com/

※定価：表示価格（本体）＋税

東信堂

未曾有の国難に教育は応えられるか ——「じひょう」と教育研究六〇年	新堀通也	三二〇〇円
新堀通也、その仕事	新堀通也先生追悼集刊行委員会編	三六〇〇円
ポストドクター——若手研究者養成の現状と課題	北野秋男編	三六〇〇円
日本のティーチング・アシスタント制度——大学教育の改善と人的資源の活用	北野秋男編著	二八〇〇円
「再」取得学歴を問う——専門職大学院の教育と学習	吉田文編著	二八〇〇円
航行を始めた専門職大学院	橋本鉱市	二六〇〇円
学級規模と指導方法の社会学——実態と教育効果	山崎博敏	三二〇〇円
夢追い形進路形成の功罪——高校改革の社会学	荒川葉	二八〇〇円
進路形成に対する「在り方生き方指導」の功罪——高校進路指導の社会学	望月由起	三六〇〇円
教育から職業へのトランジション——若者の就労と進路職業選択の社会学	山内乾史編著	二六〇〇円
教育と不平等の社会理論——再生産論をこえて	小内透	三二〇〇円
《シリーズ 日本の教育を問いなおす》		
拡大する社会格差に挑む教育	西村和雄・大森不二雄編	二四〇〇円
混迷する評価の時代——教育評価を根底から問う	倉元直樹・木村拓也編	二四〇〇円
教育における評価とモラル	西村和雄・大森不二雄 倉元直樹・木村拓也編	二四〇〇円
《大転換期と教育社会構造：地域社会変革の社会論的考察》	戸瀬信之編	
第1巻 教育社会史——日本とイタリアと	小林甫	七八〇〇円
第2巻 現代的教養Ⅰ——生活者生涯学習の地域的展開	小林甫	六八〇〇円
第3巻 現代的教養Ⅱ——技術者生涯学習の生成と展望	小林甫	六八〇〇円
第3巻 学習力変革——地域自治と社会構築	小林甫	近刊
第4巻 社会共生力——東アジアと成人学習	小林甫	近刊

〒113-0023 東京都文京区向丘1-20-6　TEL 03-3818-5521　FAX 03-3818-5514　振替 00110-6-37828
Email tk203444@fsinet.or.jp　URL:http://www.toshindo-pub.com/

※定価：表示価格（本体）＋税

東信堂

大学の自己変革とオートノミー —点検から創造へ	寺﨑昌男	二五〇〇円
大学教育の創造 —歴史・システム・カリキュラム	寺﨑昌男	二五〇〇円
大学教育の可能性 —教養教育・評価・実践	寺﨑昌男	二八〇〇円
大学は歴史の思想で変わる —FD・評価・私学	寺﨑昌男	二五〇〇円
大学改革 その先を読む	寺﨑昌男	一三〇〇円
大学自らの総合力 —理念とFDそしてSD	寺﨑昌男	二〇〇〇円
大学自らの総合力Ⅱ —大学再生への構想力	寺﨑昌男	二四〇〇円
アウトカムに基づく大学教育の質保証 —チューニングとアセスメントにみる世界の動向	深堀聰子 編	三六〇〇円
高等教育質保証の国際比較	杉本和弘・米澤彰純 編	三二〇〇円
学士課程教育の質保証へむけて —学生調査と初年次教育からみえてきたもの	山田礼子	二八〇〇円
主体的学び 創刊号	主体的学び研究所編	一八〇〇円
主体的学び 2号	主体的学び研究所編	一六〇〇円
主体的学び 3号	主体的学び研究所編	一六〇〇円
「主体的学び」につなげる評価と学習方法 —カナダで実践されるICEモデル	Ｓ.ヤング＆Ｒ.ウィルソン著 土持ゲーリー法一 監訳	二〇〇〇円
ポートフォリオが日本の大学を変える —ティーチング／ラーニング／アカデミック・ポートフォリオの活用	土持ゲーリー法一	二五〇〇円
ティーチング・ポートフォリオ —授業改善の秘訣	土持ゲーリー法一	一五〇〇円
ラーニング・ポートフォリオ —学習改善の秘訣	土持ゲーリー法一	二五〇〇円
アクティブラーニングと教授学習パラダイムの転換	溝上慎一	二四〇〇円
大学生の学習ダイナミクス —授業内外のラーニング・ブリッジング	河井亨	四五〇〇円
アカデミック・アドバイジング —その専門性と実践 日本の大学へのアメリカの示唆	清水栄子	二四〇〇円
ＣＴ（授業協力者）と共に創る劇場型授業 —新たな協働空間は学生をどう変えるのか	大山牧子・佐藤以和子 編著	二〇〇〇円
「学び」の質を保証するアクティブラーニング —3年間の全国大学調査から	河合塾編著	二〇〇〇円
「深い学び」につながるアクティブラーニング —全国大学の学科調査報告とカリキュラム設計の課題	河合塾編著	二八〇〇円
アクティブラーニングでなぜ学生が成長するのか —経済系・工学系の全国大学調査からみえてきたこと	河合塾編著	二八〇〇円
初年次教育でなぜ学生が成長するのか	河合塾編著	二八〇〇円

〒113-0023 東京都文京区向丘1-20-6
TEL 03-3818-5521 FAX 03-3818-5514 振替 00110-6-37828
Email tk203444@fsinet.or.jp URL:http://www.toshindo-pub.com/

※定価：表示価格（本体）＋税

東信堂

転換期を読み解く——潮木守一時評・書評集	潮木守一	二六〇〇円
大学再生への具体像〔第2版〕	潮木守一	二四〇〇円
フンボルト理念の終焉?——現代大学の新次元	潮木守一	二五〇〇円
いくさの響きを聞きながら——横須賀そしてベルリン	潮木守一	二四〇〇円
「大学の死」、そして復活	絹川正吉	二八〇〇円
大学教育の思想——学士課程教育のデザイン	絹川正吉	二六〇〇円
国立大学法人の形成	大崎仁	二六〇〇円
国立大学法人化の行方——自立と格差のはざまで	天野郁夫	三六〇〇円
大学は社会の希望か——大学改革の実態からその先を読む	江原武一	二六〇〇円
転換期日本の大学改革——アメリカと日本	江原武一	三六〇〇円
大学の管理運営改革——日本の行方と諸外国の動向	江原武一編著	三六〇〇円
新自由主義大学改革——国際機関と各国の動向	杉本均編著	三六〇〇円
新興国家の世界水準大学戦略——国際機関と各国の動向	細井克彦編集代表	三八〇〇円
東京帝国大学の真実——日本近代大学形成の検証と洞察	舘昭	四八〇〇円
原理・原則を踏まえた大学改革を——場当たり策からの脱却こそグローバル化の条件	舘昭	四六〇〇円
改めて「大学制度とは何か」を問う	舘昭	二〇〇〇円
原点に立ち返っての大学改革	舘昭	一〇〇〇円
大学の責務	米澤彰純監訳	一〇〇〇円
大学の財政と経営	丸山文裕	三八〇〇円
私立大学マネジメント	丸山文裕	三二〇〇円
私立大学の経営と拡大・再編——一九八〇年代後半以降の動態	両角亜希子	四七〇〇円
教育機会均等への挑戦——授業料と奨学金の8カ国比較	D・井上比呂子訳 立川明・坂本辰朗著	四二〇〇円
高等教育機会の地域格差——地方における高校生の大学進学行動	小林雅之編著	六八〇〇円
戦後日本産業界の大学教育要求——経済団体の教育言説と現代の教養論	朴澤泰男	五六〇〇円
高等教育における視学委員制度の研究——認証評価制度のルーツを探る	飯吉弘子	五四〇〇円
	林透	三八〇〇円

〒113-0023 東京都文京区向丘1-20-6
TEL 03-3818-5521 FAX03-3818-5514 振替 00110-6-37828
Email tk203444@fsinet.or.jp URL:http://www.toshindo-pub.com/

※定価：表示価格（本体）＋税

東信堂

ハンス・ヨナス『回想記』	H・ヨナス　盛永・木下・馬渕・山本訳	四八〇〇円
責任という原理——科学技術文明のための倫理学の試み（新装版）	H・ヨナス　加藤尚武監訳	四八〇〇円
原子力と倫理——原子力時代の自己理解	Th・リット　小笠原・野平編訳	一八〇〇円
科学の公的責任——科学者と私たちに問われていること	Th・リット　小笠原・野平編訳	一八〇〇円
生命科学とバイオセキュリティ	河原直人編著	二四〇〇円
——デュアルユース・ジレンマとその対応	四ノ宮成祥	
バイオエシックス入門（第3版）	今井道夫・香川知晶編	二三八一円
医学の歴史	石渡隆司・今井道夫訳	四六〇〇円
死の質——エンド・オブ・ライフケア世界ランキング	丸祐一・小野谷加奈恵・飯田亘之訳	一二〇〇円
生命の神聖性説批判	加藤・飯田・片桐・小野谷訳	四六〇〇円
医療・看護倫理の要点	H・クーゼ　石川・小野谷・片桐・水野訳	二〇〇〇円
概念と個別性——スピノザ哲学研究	水野俊誠	四六〇〇円
〈現われ〉とその秩序——メーヌ・ド・ビラン研究	朝倉友海	三八〇〇円
省みることの哲学——ジャン・ナベール研究	村松正隆	三〇〇〇円
ミシェル・フーコー——批判的実証主義と主体性の哲学	越門勝彦	三〇〇〇円
カンデライオ（ブルルダーノ著作集 1巻）	手塚博	三〇〇〇円
原因・原理・一者について（ブルルダーノ著作集 3巻）	加藤守通訳	三〇〇〇円
傲れる野獣の追放（ブルルダーノ著作集 5巻）	加藤守通訳	四八〇〇円
英雄的狂気（ブルルダーノ著作集 7巻）	加藤守通訳	三六〇〇円
〈哲学への誘い——新しい形を求めて〉全5巻	加藤守通訳	
哲学の立ち位置	鈴木泉編	三〇〇〇円
哲学の振る舞い	村瀬鋼編	三〇〇〇円
社会の中の哲学	松永澄夫編	三〇〇〇円
世界経験の枠組み	高橋克也編	三〇〇〇円
自己	松永澄夫編	三〇〇〇円
経験のエレメント——体の感覚と物象の知覚・質と空間規定	松永澄夫	四六〇〇円
価値・意味・秩序——もう一つの哲学概論：哲学が考えるべきこと	伊佐敷隆弘	三〇〇〇円
哲学史を読むⅠ・Ⅱ	松永澄夫	三九〇〇円
画像と知覚の哲学——現象学と分析哲学からの接近	浅田淳一編	二九〇〇円
食を料理する——哲学的考察	小熊正久・清塚邦彦編著	二九〇〇円
言葉の力（音の経験・言葉の力第Ⅰ部）	松永澄夫	各二八〇〇円
音の経験（音の経験・言葉の力第Ⅱ部）	松永澄夫	二〇〇〇円
——言葉はどのようにして可能となるのか	松永澄夫	二五〇〇円
	松永澄夫	二八〇〇円

〒113-0023　東京都文京区向丘1-20-6
TEL 03-3818-5521　FAX 03-3818-5514　振替 00110-6-37828
Email tk203444@fsinet.or.jp　URL http://www.toshindo-pub.com/

※定価：表示価格（本体）＋税

東信堂

オックスフォード キリスト教美術・建築事典	P&L・マレー著 中森義宗監訳	三〇〇〇〇円
イタリア・ルネサンス事典	J・R・ヘイル編 中・森・義・宗監訳	七八〇〇円
美術史の辞典	P・デューロ他 中森義宗・清水忠訳	三六〇〇円
書に想い 時代を讀む	ますこ ひろしげ	一八〇〇円
日本人画工 牧野義雄―平治ロンドン日記	河□俤	五四〇〇円
〈芸術学叢書〉		
芸術理論の現在―モダニズムから	尾崎信一郎編著	四六〇〇円
絵画論を超えて	小穴晶子編	二六〇〇円
バロックの魅力	荻野厚志編著	二六〇〇円
新版 ジャクソン・ポロック	藤枝晃雄	三八〇〇円
美学と現代美術の距離―アメリカにおけるその乖離と接近をめぐって	金悠美	三八〇〇円
ロジャー・フライの批評理論―知性と感受性の間で	要真理子	四二〇〇円
レオノール・フィニ―境界を侵犯する新しい種	尾形希和子	二八〇〇円
いま蘇るブリア＝サヴァランの美味学	川端晶子	三八〇〇円
〈世界美術双書〉		
バルビゾン派	井出洋一郎	二〇〇〇円
キリスト教シンボル図典	中森義宗	二三〇〇円
パルテノンとギリシア陶器	関 隆志	二三〇〇円
中国の版画―唐代から清代まで	小林宏光	二三〇〇円
象徴主義―モダニズムへの警鐘	中村隆夫	二三〇〇円
中国の仏教美術―後漢代から元代まで	久野美樹	二三〇〇円
セザンヌとその時代	浅野春男	二三〇〇円
日本の南画	武田光一	二三〇〇円
画家とふるさと	小林 忠	二三〇〇円
ドイツの国民記念碑―一八一三年	大原まゆみ	二三〇〇円
日本・アジア美術探索	永井信一	二三〇〇円
インド、チョーラ朝の美術	袋井由布子	二三〇〇円
古代ギリシアのブロンズ彫刻	羽田康一	二三〇〇円

〒113-0023　東京都文京区向丘1-20-6　TEL 03-3818-5521　FAX 03-3818-5514　振替 00110-6-37828
Email tk203444@fsinet.or.jp　URL:http://www.toshindo-pub.com/

※定価：表示価格（本体）＋税